행복에 이르는 GAM

행복에 이르는 GAM

박경선 지음

출판 이안

여는 글

행복은 의미를 담기 전에는 단어일 뿐이에요

"사랑은 누군가 의미를 담기 전에는 단어일 뿐이에요."

책을 통해 솔직하고 당당한 삶을 살아가는 사람들의 이야기를 담은 코미디 영화로 잔잔한 감동을 주는 『북클럽』이라는 영화에서 만난 대사 하나가 오랜 여운으로 남아 있습니다.

어디 사랑뿐이겠습니까? 인생, 행복, 기쁨 등등 그 어떤 아름다운 말도 우리가 의미를 담기 전에는 아무런 가치가 없는 그저 단어일 뿐이겠지요.

"안녕하세요! 행복을 노래하는 박경선입니다."

제가 사람들을 만날 때마다 환하게 웃으며 나누는 인사법입니다. 행복이라는 말에 의미를 담고 싶어서 더욱 강조하는 말입니다.

행복, 저는 이 말을 하루도 꺼내지 않는 날이 없습니다. 인생에서 행복을 빼놓으면 아무런 가치가 없다고 생각하기에 어떻게든지 의미를 담아 제 인생의 가장 빛나는 보석으로 만들기 위함입니다.

행복은 제가 소중한 사람들에게 나눠주고 싶은 특별한 선물입니다. 그래서 그냥 흥얼흥얼 노래 부르듯이 내 곁에 두고, 매일매일 반짝반짝 닦아가며 저를 만나는 모든 이들에게 전해주려고 노력하고 있습니다.

이렇게 생각하면 이렇게
저렇게 생각하면 저렇게
- 중략 -
사랑해 사랑해 말해요

처음엔 쉽지 않아요
티끌 모아 태산이죠
천리길도 한두 걸음
행복은 눈앞에 있어 예~예

- 현숙의 '행복은 눈앞에' 중에

인생 뭐 있나요? 즐겁게 살면 되지요. 걱정해서 걱정이 없어지면 매일 걱정만 하고 살겠지요. 그런데 그게 그런가요? 걱정한다고 과연 걱정이 없어지나요?

이왕이면 신나게, 즐겁게, 의미 있게 그렇게 살면 얼마나 좋을까요? 모든 일에 작은 의미라도 붙여서 살맛나게 살면 어떨까요? 어차피 사는 인생, 이왕이면 행복하게 사는 게 좋지 않을까요?

이 책은 행복한 인생을 위해 감(感)을 키우는 의미를 담은 책입니다. 행복하면 매일매일 행복한 일이 생기니까 행복을 부르기 위해 매일 감을 키워가는 저만의 노력이 담긴 결정체입니다.

행복을 느끼는데 감(感)은 매우 중요한 능력입니다. 행복은 냉철한 이성이 아니라 공감을 필요로 하는 아주 섬세한 감성으로 다가오기 때문입니다. 저는 행복은 아무리 사소한 일이라도 얼른 그 속에 담긴 행복의 의미를 느끼는 감을 키우는데 있다고 봅니다. 그래서 생각해 낸 것이 바로 '행복에 이르는 감'입니다.

감성을 표현하는 단어 감(感)이라는 말에 의미를 담기 위해 감(GAM)이라는 말을 만들었습니다. 감이라는 단어에 G(목적), A(실천), M(동기부여)라는 세 가지 의미를 담아 행복에 이르는 감(感)을 키우는 방법을 제시해 보았습니다. '행복에 이르는 감(感)'이라는 말에 특별한 의미를 담아 감(GAM)으로 풀어주는 내용과 '행복에 이르는 감(GAM)'의 구성요소인 목적(Goal), 실천(Action), 동기부여(Motivation)에 대해 구체적으로 다루는 내용 등으로 구성했습니다.

모든 내용은 제가 강의 현장에서 교육생들과 함께 이야

기 나누는 식으로 편하게 풀어보았습니다. 행복은 냉철한 이성으로 느끼는 것보다 아주 사소한 것에도 공감을 필요로 하는 섬세한 감성으로 느끼는 것이라는 말에 의미를 반복해서 새겨주었으면 합니다.

제가 행복이라는 말에 담은 감이라는 말의 의미를 '아, 그렇구나!'라는 식으로 공감하면서 편하게 받아주셨으면 합니다. 감(感)은 "아하!", "와우!"와 같은 감탄사를 먹고 크는 보석입니다.

모쪼록 행복에 이르게 하는 『감』을 읽고, 많은 사람들이 행복에 이르는 좋은 감(感)을 키워 더 많이 행복해지기를 진심으로 소망합니다.

"행복은 누군가 의미를 담기 전에는 단어일 뿐이에요."

영화 『북클럽』에서 느낀 대사의 여운을 이렇게 살짝 바꿔보았습니다. 이제 여러분은 저와 함께 그냥 단어에 불과할 뿐인 행복과 감이라는 말에 생명을 불어넣기 위해 뜻깊은 의미를 담는 작업을 함께 할 것입니다. 쉬울 것 같지만 결코 쉽지 않은 인생의 영원한 숙제, 행복을 위해 우리 함께 그 뜻깊은 의미를 담아 보았으면 합니다.

혼자가 아닌 우리가 다 함께!
감사 감사 감사합니다.

2020년 4월
의미를 담은 날에
행복을 노래하는 박경선

CONTENTS

prologue

행복의 감을 찾아라

01 삶의 목적은 무엇인가요?

"왜 사세요?"

누군가 나에게 이렇게 묻는다면 뭐라고 하실 건가요?

잠시 생각해 보았으면 합니다.

나는 무엇을 위해 열심히 살고 있는가?

내가 이렇게 열심히 사는 목적은 무엇인가?

자신에게, 가족에게, 지인들에게, 오늘도 최선을 다해 살아가는 분들이라면 잠시 생각해 보았으면 합니다. 그리고 짧게나마 답변을 써보셨으면 합니다.

답을 쓰셨다면 이제부터 시작해 보겠습니다.

혹, 아직도 답을 찾지 못하셨다면 먼저 꼭, 꼭, 꼭 찾아 답을 써보시기 바랍니다.

세상에는 두 가지 부류의 사람이 살고 있습니다.

첫째는 목적과 목표를 분명히 구분해서 삶의 목적을 이루기 위해 단계적으로 삶의 목표를 이뤄나가는 사람들이고, 둘째는 목적과 목표를 구분하지 못해 삶의 목표를 삶의 목적으로 착각한 채 살아가는 사람들입니다.

여러분은 이 두 부류의 사람들 중에 어느 쪽에 속한다고 생각하시나요?

이 책은 우리 모두가 둘째 부류의 사람들이 사는 삶에서 벗어나 첫째 부류의 삶을 사는 사람들의 길에 들어서는 방법을 제시하면서, 이제부터 누구나 꿈꾸는 행복한 삶을 이뤘으면 하는 바람을 담아 집필하기 시작했습니다.

“왜 사세요?”

앞에서 여러분은 이 질문에 대한 답을 뭐라고 쓰셨나요? 이제부터 각자 자신이 쓴 답을 생각하며 집중해 주셨으면 합니다.

"행복하게 살려고."

이 질문에 대한 답을 이렇게 생각하지 않았다면, 지금부터 삶의 '목적'을 다시 한번 챙겨보는 시간을 가졌으면 합니다.

세상을 사는 사람들의 목적은 단 하나입니다. 비록 70억 명이라는 사람들이, 인종에 따라 외모가 다르고, 종교에 따라 가치관이 다르더라도, 누구나 한결같이 '행복하게 사는 삶'을 추구하고 있습니다. 고로 저는 세상을 사는 사람들의 목적은 단 하나 '행복하게 사는 삶'으로 정리할 수 있다고 생각합니다.

여러분은 어떻게 생각하나요? 행복하게 살고 싶지 않나요? 그렇죠? 세상에 행복하게 살고 싶지 않은 사람은 없습니다. 사람은 누구나 행복하게 사는 것을 궁극적인 목적으로 추구하고 있습니다.

그런데 지금 어떠신가요?

당신은 지금 행복하신가요?

당신의 주변에 행복한 사람들만 있나요?

"왜 사세요?"

"행복하게 살기 위해서요."

지금 행복한 사람들은 이렇게 대답하는 경우가 많습니다. 삶의 목적이 분명한 경우라 행복한 삶을 누리고 있기 때문입니다.

당신이 이렇게 대답했다면, 지금 당신은 행복하고, 주변에도 행복한 사람들로 가득 차 있을 확률이 높습니다. 당신은 인생의 궁극적인 목적인 '행복하게 사는 법'을 성취하신 분이기 때문입니다.

당신이 이 경우에 해당한다면 앞으로 더욱 행복한 삶을 누리기 위해, 어떠한 경우에도 인생의 궁극적인 목적을 놓치지 않기 위해서라도 '행복에 이르는 감'을 꼭 잡아보시기 바랍니다.

"왜 사세요?"

공개적으로 이렇게 물으면 많은 분들이 다음과 같이 대답합니다.

"사랑을 위해서요."

"가족을 위해서요."

"돈을 벌기 위해서요."

"명예를 위해서요." 등등.

당신이 이런 식으로 답을 했다면 지금부터 '행복에 이르는 감'에 꼭 빠져 보시기 바랍니다. 이렇게 답을 한 사람들일수록 인생의 궁극적인 목적이어야 할 행복을 놓치고, 행복을 이루기 위한 수단에 속아 지금 당장 행복하지 못한 경우가 많기 때문입니다.

지금 행복하지 않은 이유는 사람의 경우에 따라 사연

은 다르겠지만, 궁극적으로는 어느 순간부터 세상을 살아가는 '목적'을 잃어버리고, 그 '목적'을 이루기 위한 수단에 불과한 '목표'에만 치우쳐서 점점 '행복'과 먼 길로 들어섰기 때문인 경우가 많습니다.

지금이라도 행복의 길로 들어서고 싶다면 얼른 길을 잘못 들어섰다는 것을 알고, 새로운 길로 들어서기 위해 노력해야 합니다. 이 책을 통해 지금부터 '행복에 이르는 감'을 챙겨서 행복의 길로 들어설 수 있기를 바랍니다.

삶의 '목적'을 분명히 세우기 위해서는 먼저 '목적'과 '목표'가 다르다는 것을 알아야 합니다. 사전에서는 '목적'과 '목표'에 대해 다음과 같이 다르게 해석하고 있습니다.

① 목적(goal) : 활동을 통해 궁극적으로 추구하고 달성하고자 하는 결과
② 목표(objective) : 활동의 목적을 달성하기 위한 구체적인 성과

이렇게 사전적 의미를 분명히 알고 나면 이해가 쉬울 것입니다. 당신이 사랑을 통해 얻고자 하는 것은 무엇인가요? 가족을 통해서, 돈을 벌어서, 명예를 얻어서 이루고자 하는 인생의 궁극적인 목적은 무엇인가요?

이 모든 것은 다 행복을 얻기 위해서 추구하는 것들이 아닌가요? 결국 우리가 세상을 사는 궁극적인 '목적'은 곧 '행복'을 얻기 위함이라는 것을 분명히 알아야 하지 않을까요?

그렇습니다. 이렇게 인생의 목적은 '행복'이라는 것을 분명히 알고 보면, 사랑이나 가족, 돈이나 명예 같은 것들은 인생의 '목적인 행복'을 달성하기 위해 단계적으로 이뤄야 할 구체적인 성과일 뿐이라는 것도 알 수가 있습니다. 사랑이나 가족, 돈이나 명예 같은 것은 '목적=행복'을 달성하기 위한 단계적인 수단, 즉 '목표'라는 것을 분명히 알 수가 있습니다. 삶의 목표가 목적일 수 없듯이 목표에 불과한 것들을 이뤘다고 그것이 곧 삶의 목적인 행복을 이뤄준다고 볼 수 없다는 것도 알 수가 있는 것입니다.

그런데 지금 우리는 어떤가요? 인생의 궁극적인 '목적'인 '행복'을 이루기 위한 '목표'에 불과한 '사랑, 가족, 돈, 명예' 등등에만 치우쳐서 불행에 늪에 빠져 있는 경우가 많습니다.

누구나 행복하기 위해 살아야 하는데, 세상을 살아가면서 '행복'이라는 궁극적인 '목적'을 놓치고, '목표'에 불과한 수단에 얽매어 스스로 '행복'과 먼 길로 들어서서 괴로워하는 경우가 많습니다.

이제 우리는 행복한 삶을 위해서 먼저 인생의 '목적'과 '목표'를 분명히 해야 합니다. 사랑이나 가족, 돈이나 명예를 얻으려고 노력하는 것은 행복이라는 목적을 이루기 위한 단계적인 목표에 불과할 뿐이고, 그 자체가 곧 인생의 목적이 될 수 없다는 것을 분명히 알아야 합니다.

행복하려면 지금 당장 행복해야 합니다. 지금 당장 행복하지 않다면 당신은 지금 인생의 목적을 놓치고 있는 것입니다. 행복하고 싶다면서 정작 중요한 인생의 목적을 챙기기보다는 그 목적을 이루기 위한 단계적 목표에 불과한 것들에 얽매어 스스로 행복과 먼 길로 들어서고 있는 것입니다.

인생을 행복하게 살고자 한다면 어떤 경우라도 '행복'이라는 '목적'을 놓치지 말아야 합니다. 목표(Objective)에 불과한 수단에 속지 말고, 먼저 인생의 목적(Goal)인 행복을 분명히 설정해야 합니다.

'행복에 이르는 감'의 첫째는 어떠한 경우에도 행복해야 한다는 목적을 분명히 하는 것입니다.

감(GAM)의 G는 Goal(목적)의 첫 자입니다. 어떠한 경우에도 삶의 궁극적인 목적인 행복을 놓치지 않고 살아야 한다는 것을 각인하자는 의미입니다.

'행복에 이르는 감'을 잡으려면 무엇보다 먼저 중요한 삶의 목적(Goal), 즉 어떠한 경우에도 '행복'을 놓치지 말고 가슴에 새겨야 합니다.

TIP

감(GAM)의 첫째는 목적(Goal)입니다

1. 인생의 궁극적인 목적(Goal) = 행복
2. 인생의 목표(Objective) = 사랑, 돈, 명예 등 '목적'을 이루기 위한 단계별 실천사항
3. 행복하고 싶으면 어떠한 경우에도 인생의 목적인 '행복'을 놓치지 말고, 지금 당장 행복한 마음을 챙겨라

02 행복은 어떻게 이뤄지는가?

인생의 궁극적인 목적(Goal)이 행복이라는 것을 알았습니다. 하지만 이 행복은 결코 쉽게 오지 않습니다. 아무리 행복하려고 해도 그 행복을 이뤄주는 단계별 성과들이 이뤄지지 않으면 행복은 쉽게 이룰 수 없습니다.

그렇습니다. 이제 행복이라는 목적을 이루려면 그 행복을 이루기 위한 구체적인 실천(Action)에 들어가야 합니다. 예를 들면 이런 식입니다.

어떤 사람이 행복하고 싶은데 몸이 안 좋아서 행복할 날이 없었습니다. 의사는 그에게 수영을 권했습니다. 행복이라는 '목적'을 이루기 위해 '수영'이라는 '목표'를 설정해 준 것입니다.

이제 이 사람에게는 지금 자신의 처지와 상황에 맞는 '목표'인 '수영'을 잘 해서 건강을 찾고, 건강을 찾아서 삶의 궁극적인 '목적'을 이룰 수 있는 길이 펼쳐져 있습니다.

이제 이 사람이 해야 할 일은 무엇인가요?

그렇습니다. 바로 실천으로 옮겨야 합니다.

먼저 수영에 대해 배워야 합니다.

수영을 전혀 못해 물이라면 겁부터 나는 사람이라면 '수영 잘 하는 법'이라는 책이라도 읽어야 하고, 그렇게 동기부여를 받았으면 무엇보다 먼저 수영장을 찾아야 합니다. 집과의 거리도 고려해야 하고, 시간에 맞춰 강사도 찾아봐야 합니다. 건강과 수영이라는 목표를 이루기 위한 계획표를 세워 꾸준히 수영을 배워가야 합니다.

강사의 지도를 받아 수영의 기초를 배워야 하고, 물에 뜨는 법도 배워야 하고, 물도 먹어보는 갖은 고생을 감수하며 수영에 익숙할 때까지 꾸준히 노력해야 합니다.

이때 결코 놓치지 말아야 할 것이 수영을 배우는 궁극적인 목적(Goal)인 '행복'입니다. '행복'이라는 궁극적인 목적을 놓치지 않으면 '수영'이라는 목표를 이뤄가는 과정 중에 어떤 일도 행복 아닌 것이 없습니다. 물에 처음 들어갔을 때 느끼는 행복감, 비록 물은 먹었지만 조금씩 물에 떠가며 목표를 이루기 위해 하나씩 성취해 나가는 과정이 다 행복으로 받아들여져야 합니다.

수영이라는 목표(Objective)를 이루기 위해서 어떠한 경우도 궁극적인 목적인 행복을 놓치지 않고 그 과정을 모두 행복으로 채워나갈 수 있어야 합니다.

물론 목표를 이루기 위한 실천 과정이 다 즐거울 수만은 없습니다. 처음에는 뭔가 조금씩 성과를 이뤄가는 것으로 즐거움을 느낄 수 있지만, 점차 단계를 밟아갈수록 포기하고 싶은 고비를 만날 수 있습니다. 그때 챙겨야 하는 마음이 이 '목표'를 이뤄 궁극적으로 얻고자 하는 '목적'을 챙기는 마음입니다.

의사의 권고를 받아 그동안 해보지 않은 수영을 하는

이유는 궁극적으로 행복하기 위함입니다. 따라서 그 과정이 아무리 힘들어도 궁극적인 목적인 행복을 이뤘을 때의 마음을 챙겨가며 그 자리를 행복으로 채워나가야 합니다. 그래야 조금이라도 더 쉽게 목표를 이루는 과정의 힘든 일을 극복해 나갈 수 있습니다.

"피할 수 없는 고통이라면 즐겨라."

이때 꼭 챙겨야 할 말입니다. 고통을 부정하면 괴롭고 불행에 빠지기 십상이지만, 고통을 인정하고 받아들이면 즐기는 마음으로 행복을 챙길 수 있습니다. 목표를 이루기 위한 과정에서 힘든 일을 만나 포기하고 싶을 때는 어떠한 경우라도 행복이라는 목적을 놓치지 않고 스스로 결심을 다져나가며 실천의 끈을 놓지 않아야 합니다.

'행복에 이르는 감'을 잡으려면 첫째는 목적(Goal)을 분명히 세워야 하고, 둘째는 실천(Action)을 해나가야 합니다. 실천이 없으면 어떤 것도 이룰 수 없습니다.

실천은 쉽지 않은 일이라 그만큼 노력이 필요합니다. 혼자 하는 것도 좋지만 여럿이 하는 것이 더 좋기에 혼자보다 여럿이 하는 자리에 들어서야 합니다.

당신이 이 책을 끝까지 펼쳐 들어야 하는 이유가 여기에 있습니다. 혼자 힘들어하지 마시고, 함께 손을 잡고 보조를 맞춰 함께 할 수 있기를 기대합니다.

'행복에 이르는 감'을 잡으려면 어떠한 경우에도 '행복'이라는 목적을 놓치지 않고, 그것을 이루기 위한 구체적인 실천(Action)을 해나가야 합니다. 그리고 어떠한 실천이라도 행복에 이르는 과정으로 여기고, 그 자체를 즐기는 마음으로 받아 들여야 합니다. 실천하는 순간순간을 행복으로 받아 들여야 합니다. 실천은 행복을 이루기 위한 과정이니까 그 자세로 행복을 챙기기 위해서 감(GAM)의 두 번째로 실천(Action)을 가슴에 늘 새겨나가야 합니다.

감(GAM)의 두 번째 A는 실천(Action)입니다.

어떠한 경우에도 삶의 궁극적인 목적(Goal)인 행복을 이루기 위한 두 번째 단계인 실천(Action)을 챙기기 위해서 감(GAM)을 가슴에 새겨봅니다.

TIP

감(GAM)의 두 번째 A는 실천입니다

1. G : Goal(목적) = 행복
2. A : Action(실천) = 행복을 이루기 위한 단계별 노력
3. 행복을 이루기 위한 실천은 순간순간이 행복해야 합니다. "피할 수 없으면 즐기자"는 마음으로 행복하게 실천해 나가야 합니다

03 행복의 에너지는 어떻게 공급하는가?

피겨스케이팅으로 전 세계인의 사랑을 받는 김연아 선수가 가장 힘들었을 때가 언제였을까요?

"17년 선수 생활, 좋은 기억보다 나쁜 기억이 많았어요."

김연아 선수는 피겨스케이팅을 시작한 계기와 피겨스케이팅 선수로 성장한 과정을 이야기하면서 이렇게 말했습니다. 부상과 슬럼프가 너무 많아서 울기도 많이 울었다고 했습니다. 17년의 선수생활 동안 좋은 기억보다 나쁜 기억이 더 많았던 것 같다는 고백을 들었을 때는 어느 한 때가 가장 힘들었다고 말할 수 없겠다는 생각도 들었습니다.

우리는 사실상 은퇴경기였던 소치올림픽 경기를 마치고 가슴을 쥐어뜯으며 벅찬 감정으로 눈물을 짓던 김연아 선수의 모습을 기억합니다. 완벽에 가까운 연기를 통해 자신의 모든 것을 쏟아부은 자리에서 취할 수 있는 가장 아름다운 모습이었습니다. 비록 개최국인 러시아의 입김이 작용한 부정판정으로 올림픽 2관왕을 이루지는 못했지만, 우리는 그 눈물의 의미를 잘 알고 있습니다.

"2010 밴쿠버 동계올림픽 금메달 이후엔 목표를 이룬 후에 허탈감이 컸습니다. 세계선수권대회에 나가야 하는데 동기부여가 되지 않아 힘들어서 스케이트장에 나가서는 움직이지 않고 울고만 있기도 했어요."

김연아 선수는 선수 생활 중에서 가장 큰 위기를 맞는데, 그것은 바로 올림픽에서 금메달을 딴 후에 찾아온 극심한 슬럼프 때문이었습니다.

이런 현상은 김연아 선수뿐만 아니라 대부분의 스포츠

선수들이 겪는 과정이기도 합니다. 그들은 오로지 올림픽에서 금메달을 목에 거는 것을 목표로 열심히 노력합니다. 그런데 막상 금메달을 목에 걸고, 목표를 달성한 다음에는 자신도 모르게 커다란 허탈감에 빠져 큰 슬럼프를 겪게 되는 것입니다. 그동안 정상에 오르기 위해 열심히 노력했는데, 이제 더 이상 오를 정상이 없다 보니 운동에 매진할 동기부여를 찾을 수 없기 때문에 겪는 과정입니다.

심리학에서는 이와 같은 현상을 '플라토 신드롬(Plateau syndrome)'이라고 합니다. '고원에 있는 평지'라는 의미를 담고 있는 말로, 사람들이 고원까지 올라가는 동안에는 목표가 있어 어떤 어려움도 극복해 나가지만 마침내 정상이라는 목표를 이루고 난 후에는 극심한 슬럼프로 위기를 겪게 된다는 뜻을 담고 있습니다. 명확한 목표가 있을 때는 그것을 향해 최선을 다하지만, 그저 오르는 것밖에 몰랐기에 막상 그 목표를 이룬 다음에는 더 이상 어찌해야 할지를 몰라서 겪는 현상입니다.

이런 현상은 중고등학교 시절에 오로지 대학진학만을 목표로 공부했던 학생이 막상 원하는 대학에 합격하고 나서는 극심한 슬럼프에 빠져 방황하는 것으로 우리 주변에 많이 나타나고 있습니다.

김연아 선수는 그 어려운 시기에 올림픽 2관왕 달성이라는 목표를 세워 새로운 동기부여를 얻어 노력했기에 2014년 소치올림픽에서도 사실상 금메달에 가까운 연기를 펼칠 수 있었습니다.

하지만 스포츠 스타 중에는 이렇게 찾아온 슬럼프를 극복하지 못하고 쓸쓸하게 은퇴하는 경우가 많은 게 현실입니다.

한동안 최고의 성적을 올리고 그 보상으로 다년의 고액 연봉을 받게 된 프로선수가 이후 급격히 실력이 떨어져 막말로 '먹고 튀었다'는 '먹튀'로 전락하는, 프로선수로서 최악의 불명예를 안고 프로 무대에서 쓸쓸히 사라지는 사람들도 많이 있습니다.

'플라토 신드롬'은 누구라도 쉽게 빠질 수밖에 없는 삶의 위기입니다. 이 위기에서 벗어나려면 어떤 목표를 이루었을 때 얼른 새로운 목표를 세워 또다른 동기부여를 제공해야 합니다.

동기부여는 우리가 무엇을 하고자 할 때 마음을 일으키고, 실천에 옮기게 하는 가장 큰 원동력입니다. 따라서 동기부여는 평소에 끊임없이 준비해 나가야 합니다.

강사라면 강의를 하는데 어느 정도 경쟁력을 갖췄다고 현실에 안주하면서 새로운 동기부여를 등한시하면 어느 한순간에 도태될 수 있다는 경각심을 갖고 평소에 끊임없이 새로운 목표를 세워 동기부여를 해나가야 합니다.

장사를 하는 사람도 마찬가지입니다. 어느 정도 장사가 잘 된다고 '이 정도면 먹고 살만 하니 괜찮아'라며 새로운 동기부여를 찾지 않고 현실에 안주하다가 새로 생겨난 수많은 경쟁자에게 밀려 어느 한순간에 문을 닫게 되는 경우가 생길 수 있다는 경각심을 갖고 끊임없이 새로운 동기부여를 찾아가야 합니다.

우리의 삶은 행복이라는 목적을 이루기 위해 끊임없이 새로운 목표를 설정해 가며 동기부여를 해나가야 합니다. 한 가지 목표가 이뤄지면 그보다 상위 목표를 설정해가며 끊임없이 동기부여를 세워나가야 합니다. 그것이 궁극적인 삶의 목적인 행복에 이르는 길입니다.

동기부여가 없는 삶은 연료가 떨어진 자동차와 같습니다. 자동차를 계속 운행하려면 끊임없이 연료를 공급해야 하듯이 삶의 목적인 행복을 이루려면 끊임없이 새로운 동기부여로 삶의 활력을 불어 넣어야 합니다.

감(GAM)의 세 번째 요소인 M은 동기부여(Motivation)입니다. '행복에 이르는 감'을 갖추기 위해서 먼저 삶의 궁극적인 목적(G)으로 '행복'을 설정하고, 그 행복을 이루어 가는 단계별로 목표를 정해 당장 실천(A)해 나가며, 이 실천에 날개를 달기 위해 끊임없이 에너지를 공급해주는 동기부여(Motivation)를 제공해 나가야 합니다.

TIP

감(GAM)의 세 번째 M은 동기부여입니다

1. Goal(목적) = 행복
2. Action(실천) = 행복을 이루기 위한 단계별 노력
3. Motivation(동기부여) = 실천할 수 있도록 끊임없이 에너지를 공급하는 일

04 왜 감(GAM)의 삼각편대인가?

"저 사람은 운이 좋아."
"무슨 소리야, 저 사람은 감이 좋은 거야."

세상을 살다 보면 이런 사람을 만날 때가 있습니다. 누구는 열심히 하는 데도 잘 안 되는 사람이 있는가 하면, 누구는 무슨 일이든지 시작만 하면 크게 성공하는 경우가 있지요. 우리는 이런 경우 흔히 운이 좋은 사람이라고 합니다.

저는 이 운이 좋은 사람들은 감을 잘 키운 분들이라고 생각합니다. 운은 아무한테나 저절로 오는 것이 아니라 평소에 감을 잘 키운 사람들에게 찾아오는 손님이라고 생각합니다.

"세상을 살아가는 데는 운이 있어야 해."

운이라는 것을 증명이라도 하듯이 어떤 사람은 집을 사기만 하면 가격이 올라 행복의 미소를 짓지만, 어떤 사람은 집을 사기만 하면 집값이 떨어지거나, 이사한 집의 가격이 올라 운이 없음을 한탄하기도 합니다.

이런 것을 보면 행복에 이르기 위해서는 분명히 운을 필요로 합니다. 오죽하면 무슨 일을 할 때 성공하기 위한 조건으로 운이 칠십 프로를 차지하고, 기술이나 실력이 삼십 프로를 차지한다는 운칠기삼(運七機三)이라는 말이 생겼을까요? 현실에서 성공한 사람들을 보면 운이 얼마나 중요한지를 확인할 수 있기 때문입니다.

"저는 운이 좋은 사람입니다."

제가 강의 현장에서 즐겨 쓰는 말입니다. 제가 이 말을 즐겨 쓰는 이유는 세상을 긍정적으로 살기 위해 겸손하게 표현하는 말이기도 하지만, 내면에는 그 좋은 운을 불러들이기 위해서 엄청난 노력을 기울이고 있다는 자부심을 담은 표현이기도 합니다.

실제로 운이 좋은 사람을 보면 보이지 않은 곳에서 좋은 운을 불러들이기 위한 노력을 기울이고 있습니다.

어떻게 아느냐고요?

제가 그랬습니다. 저는 좋은 운을 불러들이기 위해 끊임없이 노력하고 있습니다.

"준비된 자에게는 기회가 온다."

운은 항상 우리 주변에서 맴돈다고 합니다. 운을 내 것으로 만들기 위해서는 운을 불러들이는 행동과 말을 해야 하며, 내게 다가온 기회를 알아차리고, 그 기회를 얼른 내 것으로 만들 줄 아는 감을 키워나가야 합니다. 그래서 저는 누구나 운이 좋은 사람이 되기 위해 '행복에 이르는 감'을 키워야 한다고 주장하고 있습니다.

여기에서 제가 말하는 감은 여러분이 알고 있는 그 감(感)이기도 하지만, 그 감(感)을 키워 좋은 운(運)을 불러들이기 위한 세 가지 조건인 감(GAM)의 합성어이기도 합니다.

지금부터 저와 함께 감(感)을 키우기 위한 방법 세 가지를 뇌리에 쉽게 각인시키기 위한 감(GAM)의 세계로 빠져보시기 바랍니다.

이제 여러분도 어느 정도 감을 잡으셨을 것입니다. 제가 여기서 쓰는 감이라는 말은 감(GAM), 즉 목적(Goal), 실천(Action), 동기부여(Motivation)라는 삼각편대로 이뤄진 인생의 설계판을 담은 신조어입니다.

인생을 설계하는데 꼭 필요한 행복이라는 목적(Goal), 그리고 행복이라는 목적을 이루기 위해 꼭 해야 할 실천(Action), 그 실천을 할 수 있도록 끊임없이 자극을 주는 동기부여(Motivation), 이 세 가지 삼각편대가 완벽히 조화를 이룬다면 비로소 우리의 인생은 완성될 수 있습니다.

이제 우리의 인생을 행복으로 완성해 나가는 이 세 가지 삼각편대의 완벽한 조화를 이루기 위해 우리가 꼭 해야 할 일들이 무엇인가 살펴볼 계획입니다.

그러기 위해서는 무엇보다 먼저 감(GAM)을 뇌리에 새길 필요가 있습니다. 감은 나를 행복으로 이끌어주는 삼각편대라는 것을 잊어서는 안 되기 때문입니다.

이제 준비되셨나요?

여러분과 함께 행복에 이르는 감(感)을 키우기 위한 감(GAM)의 세계로 여행을 시작합니다.

TIP

행복에 이르는 감을 키워라

1. 운(運)과 감(感)의 중요성을 안다
2. 감(感)을 키우기 위해 노력한다
3. 감(感)을 키우기 위한 구체적인 방법으로 감(GAM)을 항상 뇌리에 새긴다
4. 감(GAM)은 목적(Goal), 실천(Action), 동기부여(Motivation)의 삼각편대로 이뤄진 행복한 인생을 이루기 위한 설계판이라는 것을 뇌리에 새긴다

생각 정리

Gam1

Goal로 감을 키워라

01 목적(Goal)을 분명히 하라

남(南)으로
창(窓)을 내겠소.

밭이 한참갈이
괭이로 파고
호미론 김을 매지요.

구름이 꼬인다
갈 리 있소.

새 노래는 공으로 들으랴오

강냉이가 익걸랑

함께 와 자셔도 좋소

왜 사냐 건

웃지요.

- 김상용의 '남으로 창을 내겠오' 전문

학창시절에는 이 뜻을 잘 몰랐습니다. 친구들이 무슨 일이 있을 때마다 "왜 사냐?"고 물으면 "그냥 웃지요."라며 대꾸하던 기억이 아련합니다. 그런데 점차 나이를 먹어갈수록 이 시의 뜻이 새롭게 다가옵니다.

"왜 사세요?"

이제 어느 정도 저를 아는 이들은 제가 이렇게 물으면 이미 답을 들었기에 쉽게 대답합니다.

"행복하려고요."

"그럼 어떤 게 행복한 걸까요?"

"……?"

정말 어떤 게 행복한 걸까요? 많은 이들은 이때 꿀먹은 벙어리가 됩니다. 그런데 개중에는 말없이 그저 빙그레 미소짓는 이들이 보입니다. 행복은 마음의 상태이고, 마음은 몸과 표정으로 드러나기 마련입니다.

"왜 사냐 건 웃지요."

그야말로 김상용 시인의 시처럼 실천하는 삶을 사시는 분들입니다.

일반적으로 몸이 가볍고 표정이 밝은 사람은 행복한 사람일 확률이 높습니다. 반대로 몸이 무겁거나 표정이 어두운 사람은 행복과 거리가 먼 사람일 확률이 높습니다.

지금 당신은 어떤 모습인가요?

몸이 가볍고 밝은 표정인가요?
아니면 몸이 무겁고 어두운 표정인가요?

"행복해서 웃는 것이 아니라 웃기 때문에 행복한 일이 생기는 것이다."

여기에서 웃음이 먼저냐, 행복이 먼저냐는 논하고 싶지 않습니다. 닭이 먼저냐, 달걀이 먼저냐처럼 쉽게 답을 찾을 수 없는 문제이기 때문입니다.

하지만 분명한 것은 웃는 사람은 행복합니다. 행복한 사람은 웃습니다. 고로 웃는 것은 행복과 뗄레야 뗄 수 없는 관계입니다. 따라서 우리는 행복하려면 어떻게든 웃을 수 있어야 합니다.

사람은 누구나 행복하게 살겠다는 것을 궁극적인 목적으로 삼아야 합니다. 무엇을 하든 행복하기 위해 살면서 행복을 목적으로 두지 않는다면 행복과는 먼 길로 들어선 것입니다.

행복을 삶의 목적으로 분명히 세운 사람은 언제나 웃을 수밖에 없습니다. 행복하게 살겠다는 목적이 분명한 만큼 행복한 몸과 표정을 만들기 위해서라도 웃으며 살 수밖에 없습니다.

우리는 언제나 행복이라는 인생의 목적을 새기고 먼저 표정부터 밝게 웃으면서 몸과 마음을 가볍게 해나가야 합니다. 웃음은 인생의 본래 목적인 행복을 이뤄가는 길을 열어줍니다.

인생의 목적이 분명하지 않은 사람은 행복할 수 없습니다. 웃지 않는 사람은 인생의 목적이 분명하다고 볼 수 없습니다.

당신은 어느 쪽인가요?

인생의 목적을 분명히 세우셨나요?

정말로 행복하게 사는 것이 인생의 목적인가요?

그럼 웃어야 합니다.

어떠한 경우에도 웃어야 합니다.

"왜 사냐 건 웃지요."

학창시절에 배웠던 시 한 편이 내 인생을 살찌우는 날들입니다. 아무리 힘들어도 이 한 구절을 떠올리면 입가에 떠도는 미소에 저절로 웃는 삶을 살게 되기 때문입니다. 행복하고 싶다면 아무 생각없이 다음의 시구절을 나직이 소리내어 읽어보시기 바랍니다.

"왜 사냐 건 웃지요."

어떠신가요? 나직이 이 말을 되뇌는 것만으로도 얼굴에 미소가 번지고, 괜히 몸이 가벼워지는 것이 느껴지지 않나요? 그 마음으로 살다 보면 우리는 저절로 웃는, 행복한 삶을 누릴 수 있습니다.

TIP

목적(Goal)을 분명히 하라

1. 인생의 궁극적인 목적은 행복이라는 것을 새긴다
2. 힘들 때마다 '왜 사냐 건 웃지요'를 되뇐다
3. 날마다 웃는 연습을 한다

02 목적과 목표를 분리하라

"너는 꿈이 뭐야?"

누구나 이런 질문을 한두 번쯤은 받아봤을 것입니다. 학창시절에 누구에게나 어렵고 무거운 질문 중에 하나였습니다. 여러분은 어떠셨는지요?

예나 지금이나 학생들 중에는 꿈을 찾지 못해 괴로워하는 경우가 많습니다. 그나마 중고등학교 때는 대학진학이라는 꿈이라도 있지만, 막상 그렇게 대학에 진학하고 보면 정작 자신이 하고 싶은 일이 무엇인지 몰라 더 이상의 꿈을 찾지 못해 방황을 하기도 합니다. 그러다 보니 술자리도 찾게 되고, 일탈도 하게 되면서 인생에서 가장 소중한 시기를 허비하게 되는 것입니다.

성인이 되어서도 마찬가지입니다. 좋은 직장에 취직만 하면, 많은 돈을 벌기만 하면 꿈을 이룰 것 같았는데, 막상 열심히 노력해서 그것들을 다 이뤄봐도 행복하기보다 오히려 허탈감에 괴로워하는 이들이 많습니다.

현실적으로 꿈을 이룬 사람은 소수입니다. 많은 이들은 당장 생계를 위해 꿈을 포기했다며 하루하루 살아가기에 힘겨워 합니다. 그나마 생계를 위한 일을 하면서 만족한 삶을 살고 있으면 다행입니다. 일이 즐거워야 하는데, 지금 하고 있는 일은 꿈을 이루기 위한 일이 아니라 당장 먹고 살기 위해 하는 일이라 괴로워하기 일쑤입니다.

그러다 보니 우리 주변에는 꿈이 없어도 괴롭고, 꿈을 이뤄도 괴롭고, 꿈을 이루지 못해도 괴로운 사람들이 넘쳐나고 있습니다.

어쩌다 이런 일이 벌어진 것일까요?

저는 그 원인 중에 하나가 바로 인생의 목적과 목표를 분명하게 구분하지 못한 사람들이 많기 때문이라고 생각합니다.

꿈은 목표입니다. 행복이라는 인생의 궁극적인 목적을 이루기 위한 수단입니다. 그런데 많은 이들이 꿈을 곧 인생의 목적으로 착각하는 이들이 많습니다. 그러다 보니 꿈을 이뤘는데도 막상 행복하지 못해 괴로워 하는 이들이 많게 되는 것입니다.

부자가 되겠다는 꿈을 가진 사람은 곧 부자가 행복을 보장해준다는 착각에 빠져 있고, 사랑의 완성을 결혼으로 보는 사람들은 결혼이 곧 행복을 보장해준다는 착각에 빠져 있습니다. 그러다 보니 부자가 되고 나서도 불행한 사람들이 많고, 떨어져 있으면 살지 못할 것 같은 사랑하는 사람과 결혼을 해놓고도 막상 행복하지 않아서 괴로움 속에 사는 이들이 많습니다.

명예를 추구하는 사람도 마찬가지입니다. 남에게 인정받는 것이 행복인 줄 알고 열심히 노력해서 꿈을 이루었지만, 그 후에 밀려오는 허탈감으로 인생의 본래 목적인 행복을 잃고 불행의 나락으로 빠지는 이들도 많습니다.

꿈을 목표가 아닌 목적으로 착각한 이들은 정작 꿈을 이뤘더라도 인생의 궁극적인 목적인 행복을 이루기보다 더 큰 불행의 나락으로 떨어지는 경우가 많은 것입니다. 따라서 행복이라는 목적을 이루려면 무엇보다 먼저 목적과 목표를 분리해야 합니다.

목적과 목표를 분리하면 꿈을 찾지 못해 괴로워할 일이 없습니다. 꿈은 목적을 이루기 위한 목표일 뿐이기에 꿈을 이뤄가는 과정은 다 행복한 일만 있을 뿐입니다.

에디슨은 전구 발명을 하기 전까지 약 2천 번 정도의 실패를 했다고 합니다. 마침내 그가 전구 발명에 성공하고 기자들과 인터뷰를 할 때의 일이라고 합니다. 기자들이 그동안 에디슨이 전구 발명을 위해 수도 없이 시도했던 일을 상기하며 이렇게 질문했다고 합니다.

"당신은 그동안 2천 번 정도의 실패를 했다고 하는데, 그때의 기분은 어땠습니까?"

에디슨이 뭐라고 대답했는지는 아마 여러분도 알고 있을지 모릅니다. 워낙 유명한 일화라 사람들 입에 오르내리면서 각색된 이야기도 많습니다. 지금은 크게 두 가지 답변 형태로 전해지고 있습니다.

"실패라뇨? 저는 한 번도 실패했다고 생각하지 않았습니다. 매번 새로운 시도를 해서 마침내 성공할 수 있었던 것입니다."

"실패라뇨? 저는 매번 안 될 때마다 이렇게 하면 안 된다는 것을 알아갔을 뿐이고, 그렇게 안 되는 방법을 지워나가다 보니 마침내 성공할 수 있었던 것입니다."

여러분은 아무리 실패를 했어도 실패했다는 생각보다 새로운 시도를 한다는 생각으로 했다는 첫 번째 답변과 실패를 할 때마다 이렇게 해서 안 되는 방법을 지워갔다는 답변 중에 어느 쪽의 답변을 알고 있나요?

에디슨은 분명 이 중에 한 가지 답변을 했을 것입니다.

저는 에디슨이 이 중에 어느 형태로 답을 했는지는 분명히 알 수 없습니다.

하지만 실패할 때마다 실패에 머무르지 않고 지금 하는 일에 기쁜 마음을 갖고 새로운 시도를 해나간다는 마음가짐과 실패도 이렇게 하면 안 된다는 경험으로 받아들이는 절대긍정의 마음가짐은 둘 다 우리가 배워야 할 삶의 자세라는 것은 분명히 알고 있습니다.

여기에서 꼭 짚어야 할 이야기 하나, 많은 이들이 발명가로서 성공한 에디슨의 삶은 알고 있지만, 한 집안의 가장으로서 실패한 에디슨의 삶을 알고 있는 사람은 그리 많지 않을 것 같습니다. 한결같이 발명가로서 성공한 삶에 초점을 맞춰 에디슨에 대해서 배웠고, 그것이 전부라고 여겨왔기 때문입니다.

하지만 에디슨의 이야기를 통해 목표와 목적을 구분하지 못해 비록 발명가로서는 성공한 삶을 살았지만, 한 집안의 가장으로서는 실패한 삶을 산 것에 대해서도 짚어봐야 한다고 생각합니다.

에디슨은 발명가로서 연구에 묻혀 살면서 가정을 소홀하게 여겼습니다. 결혼생활은 결코 행복하지 않았을 것으로 보이는 일들이 많이 벌어졌습니다. 부인을 둘이나 두었는데, 첫째 부인은 발명에 관심이 없다고 구박하면서 갈등을 빚었다고 합니다. 심지어 부인이 죽었을 때는 발명에 몰두하느라 바쁘다는 이유로 장례식에도 가지 않았다고 합니다.

자식 교육도 완전히 실패했습니다. 자신이 정규 대학을 나오지 않고도 성공했다는 자부심 때문이었는지 자식 교육에 대해서는 전혀 무관심했습니다. 큰아들은 아버지의 이름을 팔아 사기를 치는 범죄자로 감옥을 전전했고, 둘째 아들은 사업마다 망해서 매주 40달러씩 생활비를 대줘야 하는 무능력자가 되었습니다. 그나마 막내아들은 정치인으로서 주지사가 될 정도로 성공했다고 볼 수 있지만, 그는 평생 아버지 얼굴을 본 시간이 채 일주일도 되지 않았다며 아버지에 대한 회한을 털어놓았다고 합니다.

이와 같은 가정사로 본다면 에디슨은 발명가로서 성공

한 삶을 살았을지는 몰라도, 결코 행복하지 못했을 것으로 보입니다. 가장으로서 부인과 자식이 속을 썩이는데 행복할 사람은 없기 때문입니다.

에디슨이 만약에 지금의 저를 만났으면 어땠을까요?

삶의 목적과 목표를 분명히 구분하는 법을 배웠으면 좀 더 행복한 삶을 살 수 있지 않았을까요?

그냥 웃자고 하는 소리로만 받아들이지 마시고 '행복에 이르는 감'을 찾기 위해 조금만이라도 진지하게 받아 들였으면 합니다.

에디슨이 그 당시 삶의 목적을 행복으로 정하고, 그 행복을 이루는 과정인 발명가로서의 성공을 목표로 정했다면 어땠을까요?

비록 발명가로서 업적은 줄어들었을지 몰라도 한 가정의 가장으로서 부인과 자식들과 화목한 가정을 이루며 좀 더 행복한 삶을 살 수 있지 않았을까요?

여러분도 만약에 에디슨처럼 가정은 불행해도 업적으로 이름을 남기고 싶다면 에디슨처럼 일에 미쳐 살아도 좋지만, 그게 아니라면 에디슨을 반면교사로 삼아 가정의 행복을 챙길 필요가 있습니다.

전구 하나를 발명하기 위해 2천 번 가까이 실패하고도 그것을 좌절로 여겨 포기하지 않고, 성공하기까지의 과정을 새로운 시도나 이렇게 하면 안 된다는 답을 얻어가는 절대 긍정의 마음은 배워야 할 점입니다. 하지만 그렇게 발명가로서는 성공했지만, 그것으로 가정의 행복을 이루지 못하고 부인과 자식을 불행의 나락으로 떨어뜨린 것은 반면교사로 삼아야 합니다.

지금 경제적으로나 업적으로는 성공했는데 행복하지 않다면 당신은 분명 에디슨처럼 인생의 목적과 목표를 구분하지 못하고 있을 확률이 높습니다.

인생의 목적은 행복이어야 합니다. 지금 당신이 하고

있는 모든 일은 행복을 이루기 위한 목표가 되어야지, 그 자체가 목적이 되어서는 안 됩니다.

이것을 착각하거나 잘못 알고 있으면 에디슨처럼 남들이 보기에는 성공한 삶을 살았다고 할 수 있을지는 모르지만, 그것 때문에 가정의 행복을 잃고 가슴앓이를 하게 될지 모르기 때문입니다.

행복하고 싶으신가요?

그렇다면 지금부터라도 삶의 목적과 목표를 분명히 구분하고, 돈이나 명예, 성공이라는 것들은 삶의 목적인 행복을 이루기 위한 목표라는 것부터 분명히 해야 한다는 것을 가슴에 새겼으면 합니다.

목적과 목표, 즉 행복과 그 행복을 이루기 위한 과정이나 수단을 분명히 구분하고, 어느 한순간이라도 행복이라는 목적을 놓치지 않고 꼭 챙길 수 있도록 노력했으면 합니다. 그것이 행복한 인생을 누리는 가장 확실한 방법이니까요.

TIP

목적과 목표를 분리하라

1. 행복이 목적이고, 꿈은 목표일 뿐이라는 것을 분명히 안다
2. 돈과 명예를 목적으로 알고 있으면, 그것을 얻었을 때 더 큰 행복이라는 것을 잃을 수 있음을 분명히 인식한다
3. 지금 행복하지 않으면 목표에 속고 있다는 것을 안다

03 좋아하는 일을 하라

어린 시절부터 노래를 참 좋아했습니다. 초등학교 3학년 때부터 합창부 단원으로 활동했습니다. 그 합창부 활동은 제 인생에 많은 교훈을 심어주었는데, 그 중에 최고는 간절히 원하면 세상에 안 되는 것이 없다는 것을 각인시켜준 일입니다.

당시에 합창부는 4학년부터 활동한다는 원칙이 있었습니다. 그런데 저는 3학년임에도 활동할 수가 있었습니다. 담임선생님이 합창부를 이끄셨는데, 제가 합창부를 하고 싶다고 입버릇처럼 말했고, 기회가 있을 때마다 노래를 부르며 그 열망을 간절히 표현했습니다. 담임선생님은 그런 저의 노력을 지켜보시고는 아직 3학년이라 자격은 안 되지만 특별히 봐준다며 합창부에 이름을 올려주셨습니다.

저는 그때부터 무엇이든지 간절히 원하면 어떻게든지 이뤄진다는 것을 소중한 경험으로 간직하고 있습니다.

"경선아! 나와서 노래 불러보렴."

제가 어려서부터 자신감을 갖고 노래를 하게 해주신 것은 아버지였습니다. 아버지는 집에서건 사무실에서건 손님이 오거나, 또는 어디 놀러갔을 때 사람들 앞에 저를 불러 세우고는 노래를 해보라고 하셨습니다. 저는 그런 아버지가 좋아서 그 말을 기다리기나 한 듯이 바로 앞으로 나가서 입을 크게 벌리고 노래를 불렀습니다.

저는 그렇게 아버지의 지원을 받아 어렸을 때부터 하고 싶은 노래를 원없이 불렀습니다. 남 앞에 서는 것도 좋아했고, 그래서 성악가를 꿈꿀 수 있었고, 가수라는 직업도 꿈꿀 수 있었습니다. 그 영향력으로 지금은 사람들 앞에서서 행복을 노래하는 직업을 갖고 즐겁게 행복을 추구하며 살고 있습니다.

"잘한다. 잘했다."

어려서부터 제가 정말 하고 싶어 하는 노래와 관련된 일을 했더니 이런 말을 자주 들었습니다. 그래서 저는 끊임없이 단계별 목표를 이뤄가며 행복을 추구할 수 있었습니다.

지금 제가 행복이라는 인생의 본래 목적을 이루기 위해 끊임없이 구체적인 목표를 설정할 때는 무엇보다 자신이 좋아하는 일을 선택해야 한다고 자신있게 강조하는 이유가 여기에 있습니다. 좋아하는 일을 하면 그 자체로 인생의 목적인 행복을 추구할 수 있고, 행복을 이루는 구체적인 꿈이자 목표를 세우면 그것을 이뤄가는 과정에서 이미 행복을 누릴 수 있고, 또 그렇게 일을 하는 것이 한결 쉽게 꿈과 목표를 이룬다는 것을 경험으로 알고 있기 때문입니다.

인생의 목적인 행복을 이루기 위해서는 먼저 좋아하는 일을 하는 것이 중요합니다. 좋아하는 일은 저절로 즐기는 마음을 낼 수 있고, 즐기는 마음은 곧 행복으로 이를 수 있고, 행복하게 하는 일이 성공으로 이르는 지름길이기 때문입니다.

1960년부터 20년 동안 스롤리 블록토닉 연구소는 미국 아이비리그 대학생 1,500명을 대상으로 직업 선택에 따른 부의 축적 여부를 조사했습니다. 졸업생을 대상으로 당장 돈을 많이 주는 직업을 선택한 그룹과 당장 급여는 적지만 자신이 좋아하는 직업을 선택한 그룹으로 나누고 20년 후에 이들이 사는 삶을 추적해서 확인해 보았습니다. 그랬더니 1,500명의 졸업생 중에서 101명이 백만장자가 되어 있었는데, 그 중에 100명은 당장 월급은 적지만 좋아하는 직업을 선택한 그룹의 사람들이었고, 당장 돈을 많이 버는 직업을 택한 사람은 단 1명뿐이었다고 합니다.

이 실험 결과가 우리에게 전하는 메시지는 무엇일까요? 그렇습니다. 지금 당장 돈을 많이 버는 일보다 자신이 좋아하는 일을 선택하는 사람이 나중에 돈도 많이 벌 확률이 높다는 것을 보여주고 있습니다.

그러니까 나중에 돈을 더 많이 벌기 위해서라도 지금 당장 돈이 되는 일만 좇지 말고, 자신이 진정으로 좋아하는 일을 선택하라는 메시지를 전하고 있는 것입니다.

제가 인생의 궁극적인 목적인 행복을 추구하기 위해서라도, 열심히 하다 보면 나중에 돈도 많이 벌 수 있는 좋아하는 일을 하라고 강조할 수밖에 없는 이유입니다.

저는 제가 좋아하는 일을 하면서 행복을 추구하기로 했고, 실제로 그 결과로 지금의 행복을 누리고 있습니다. 그동안 제가 좋아하는 일을 하다 보니 저절로 행복이 찾아왔고, 행복이라는 삶의 목적을 놓치지 않으니까 그만큼 좋은 사람도 많이 만나고, 좋은 운도 많이 불러들이면서 지금처럼 행복한 삶을 누리고 있습니다.

"좋아하는 일을 하라."

물론 이렇게 하려면 생계를 유지하는 것에 대한 고민도 해야 합니다. 세상에는 생계를 유지하면서 좋아하는 일을 할 수 있는 범위가 매우 좁습니다. 그래서 많은 사람들이 어쩔 수 없이 좋아하는 일을 뒤로 미뤄두고, 지금 당장 급한 생계를 위해 돈이 되는 일부터 먼저 찾고 있는 것이 현실입니다.

사람은 누구나 생계가 걸린 현실의 문제를 소홀히 할 수 없습니다. 지금 좋아하는 일이 생계를 책임질 수 없다면 당연히 생계를 책임지는 일을 해야 합니다. 이때 중요한 것은 그 일을 어떻게 하느냐는 것입니다.

"지금 하는 일이 행복하지 않다면 어디서 행복을 찾을 수 있겠는가?"

매우 중요한 말입니다. 지금 행복한 사람이 나중에도 행복할 수 있습니다. 지금 행복한 경험을 축적해 놓아야 나중에 더 큰 행복이 왔을 때 그대로 받아들여 즐길 수가 있습니다.

지금 행복하지 못한 사람은 나중에도 행복할 확률이 높지 않습니다. 행복을 누리겠다는 시기가 왔을 때는 이미 인생 후반의 길을 걷고 있을 수 있습니다. 또한 인생의 소중한 젊은 시절에 행복을 누려보지 못한 것이 습관으로 자리 잡아서 이제 충분히 행복을 누릴 때가 되었는데도 습관에 따라 행복을 행복으로 누리지 못할 확률이 높기만 합니다. 결국 살아생전 행복을 누리지 못하고 불행한 삶으로 마감할 수밖에 없는 것이지요.

"지금 바로 행복한 습관을 들여야 나중에도 행복할 수 있다."

지금 하는 일이 어쩔 수 없이 당장 먹고 살기 위해 돈이 되는 일을 선택한 것이라면, 반드시 이 말을 가슴에 새겨야 합니다. 어쩔 수 없이 선택한 일이라도 스스로 좋아하려고 노력하면서 얼른 실제로 좋아하는 마음을 갖고 좋아하는 습관을 들여야 합니다. 좋고 나쁜 것은 마음먹기 나름으로 얼마든지 선택해 나갈 수 있어야 합니다. 어쩔 수 없이 선택한 일이라도 먼저 좋아하는 마음을 챙겨서 일을 해나가다 보면 그것이 습관으로 자리 잡아 진정으로 행복을 누릴 수 있기 때문입니다.

이때 아무리 생각해도 좋아하는 마음을 낼 수 없다면 진지하게 고민해야 합니다. 지금 하는 일이 아무리 노력해도 행복하지 않다면 더 큰 불행에 빠지기 전에 과감히 다른 선택을 할 수도 있어야 합니다. 지금 하는 일이 당장 행복하지 않다면 행복한 일이 무엇인지 찾아, 작은 행복이라도 누릴 수 있도록 좋아하는 일을 선택할 수 있어야 합니다.

지금 좋아하는 일을 선택했는데 돈이 되지 않아 괴롭다면, 이 역시 진지하게 고민해봐야 합니다. 지금 내가 하는 일이 진정으로 좋아하는 일인지 고민해보는 것이 우선이고, 다음으로는 내가 좋아하는 일이 꼭 이렇게 할 수밖에 없는 일인지, 시대에 맞게 새로운 방법론을 살펴봐야 합니다.

지금은 시대가 바뀌어서 아무리 좋아하는 일이라도 예전과 같은 방식으로 해서는 도태될 수밖에 없습니다. 음식점을 하더라도 전단지로 홍보하던 시대에서 모바일 홍보를 해야 하는 시대로 바뀌었는데, 아직도 시대에 뒤처진 전단지 홍보에 매달리고 있는 것은 아닌지, 방법론을 놓고 고민해 봐야 합니다.

지금 좋아하는 일을 하고 있는데 돈이 되지 않는 이유가 새로운 시대를 따라잡지 못한 과거에 매달려 있는 인식의 산물이 아닌지 살펴봐야 한다는 것입니다.

노래하는 것만 해도 그렇습니다. 예전에는 좋아하는 노래를 하면서 생계를 유지하려면 유명 가수가 되거나 밤무대, 또는 장날 야외무대에 서야 했습니다. 그야말로 노래를 하면서 돈을 벌 수 있는 방법이 많지 않았습니다.

가수로 데뷔하기도 쉽지 않았습니다. 유명 가수가 되려면 그만한 투자를 해야 하는데 음반을 내기도 쉽지 않았고, 그렇게 음반을 냈다고 해도 자본이 충분하지 않으면 홍보를 할 수 없어서 대중에게 알릴 기회가 없었습니다.

밤무대나 야외무대에 서는 일은 너무 힘들어서 좋아하는 노래를 하면서 생계를 유지하기란 결코 쉽지 않았습니다.

하지만 지금은 환경이 많이 달라졌습니다. 좋아하는 노래를 하면서 생계를 유지할 수 있는 길이 예전보다 좀 더 많아졌습니다. 유명 가수의 길뿐만 아니라 백세시대를 맞아 실버세대의 여가와 건강을 위한 평생학습 강좌가 많이 개설되면서 노래강사나 레크리에이션 강사로 활동할 수 있습니다. 진정으로 노래를 좋아한다면 얼마든지 노래를 접목한 콘텐츠를 개발하면서 생계를 위한 수익을 창출해 나갈 수 있습니다.

사람은 좋아하는 일을 할 때 행복을 느끼고, 행복을 느낄수록 긍정적인 마음을 갖게 되고, 긍정적인 마음은 어떤 상황에서든 자기 주도적으로 창의력을 발휘해 나가는 힘을 갖고 있습니다.

지금 좋아하는 일을 하고 있는데 경제적인 문제로 행복하지 않다면 다음과 같이 진지하게 생각해 봐야 합니다.

내가 지금 하고 있는 일이 정말 좋아하는 일인가?

아무리 생각해도 정말 좋아하는 일이라면 이제는 좋아하는 일을 어떻게 생계와 연결시킬지 현실적인 방법론을 찾아 진지하게 고민해 봐야 합니다.

과연 지금 내가 하고 있는 일은 시대에 맞게 해나가고 있는가? 이렇게 생각하면서 스스로 답을 찾다 보면 시대에 맞게 좋아하는 일을 창의적으로 활용해서 자신만의 경쟁력을 갖춰 '행복에 이르는 감'을 키워나가는 자신의 모습을 확인할 수 있을 것입니다.

TIP

좋아하는 일을 하라

1. 내가 좋아하는 일이 무엇인지 분명히 안다
2. 피할 수 없는 일이라면 즐기는 마음으로 한다
3. 좋아하는 일을 시대에 맞는 방법으로 활용해서 경쟁력을 갖춰나간다

04 많은 것을 경험하라

"오라이!"

어린 시절 제가 하고 싶었던 일은 버스 안내양이었습니다. 사람들을 버스에 태우고 나서 문을 닫으며 "오라이!" 라고 외치는 안내양 언니가 너무 멋있어 보였기 때문입니다.

차비를 걷는 모습은 저를 더욱 설레게 했습니다. 어린 제 눈앞에서 현금을 만지는 언니를 보면 당장이라도 큰돈을 벌 수 있을 것만 같아 마냥 부러웠습니다.

물론 버스 안내양의 현실을 안다면 꿈도 꾸지 못할 일이었습니다. 열악한 근무환경에 월급도 얼마 되지 않아 큰돈을 버는 직업과는 거리가 멀었으니까요.

하지만 너무 어려서 그런 내막을 알 수 없었던 저는 버스 안내양 언니가 멋있는 일을 하면서 돈도 많이 버는 것으로 알았기에 나도 크면 꼭 버스 안내양이 되겠다는 꿈을 키우기 시작했습니다.

"오라이! 내리실 분 안 계시면 오라이!"

큰소리로 활기차게 외치며 밝게 미소짓는 버스 안내양 언니들의 매력에 폭 빠져 있을 때의 이야기입니다.

제가 버스 안내양이 되겠다는 꿈을 꾸게 된 것은 어렸을 적의 집안 환경이 많은 작용을 했습니다. 아버지가 모 기업의 기관장이어서 발령이 날 때마다 늘 이사를 다니며 관사에서 살았습니다. 어린 시절에 아버지를 따라 이사를 다니면서 강원도 영동 지방에 있는 웬만한 관사에서는 다 살아봤을 정도입니다.

1980년대였는데 저는 강원도 고성군 거진에 살았을 때 유치원에 입학을 했습니다. 그런데 얼마 안 있어 아버지가 대진으로 발령을 받는 바람에 가족이 이사를 해야 했습니다. 대진에는 유치원이 없었습니다.

아버지를 따라 시골로 다니면서 자식만은 어떻게든 교육을 시키겠다는 어머니의 교육열은 대단했습니다. 그러니 유치원이 없는 대진으로 이사를 했을 때 사랑하는 둘째딸의 교육을 어찌할까 고민이 많으셨다고 합니다.

어머니는 심사숙고한 끝에 어린 저를 대진에서 거진까지 이사 전에 다니던 유치원에 계속 보내기로 결정하고 버스로 통학을 시켰습니다. 그러니 어린 자식이 얼마나 걱정이 되었겠습니까?

"우리 경선이 잘 부탁해요."

어머니는 저를 버스에 태울 때마다 기사와 안내양 언니에게 음식을 전해주면서 늘 이렇게 부탁을 했습니다. 그러다 보니 저는 버스 기사와 안내양 언니들과 친해질 수밖에 없었습니다.

버스를 타면 버스 안에서 안내양 언니들이 하는 일을

따라 하기 시작했습니다. 사람들을 차에 태우며 문이 열린 상태에서 버스 벽을 두 번 정도 힘차게 탁탁 치며 우렁찬 목소리로 “출발! 오라이!”를 외치는 모습은 정말 부럽기만 했습니다. 거기에다가 손님이 많을 때는 손가락에 지폐를 꽂고 있으니 그야말로 안내양 언니들은 저의 선망의 대상이었습니다. 어떤 날은 집에 돌아와서 작은 손에 지폐를 꽂고 안내양 언니가 했던 행동을 따라 해보기도 했습니다. 지금 제 목소리가 이렇게 우렁찬 것도 아마 그때 “오라이!”를 힘차게 외치며 놀았기 때문일 거라 생각합니다.

“그때 우리 경선이 영영 못 볼 뻔했지.”

어머니는 지금도 집에 손님이 오셨을 때면 종종 그때를 회상하며 이야기를 해주십니다. 지금 생각하면 유치원생에 불과한 어린 딸을 홀로 버스에 태워 먼 거리를 보낸다는 것은 정말 있을 수 없는 일일 것입니다. 하지만 그 당시에는 그게 가능했습니다.

어느 날엔가 제가 유치원에 갔다가 저녁이 되었는데도 집에 돌아오지 않았다고 합니다. 걱정이 돼서 저를 찾아 나섰는데, 버스 안내양 언니를 따라하며 거진에서 대진을 왕복으로 왔다 갔다 하면서 집에 돌아오는 것을 깜빡 잊고 있었다고 합니다.

맹자는 어려서 아버지가 돌아가셔서 홀어머니 품에서 자랐습니다. 가난했기에 두 모자가 살던 곳은 공동묘지 근처였습니다. 맹자는 함께 놀 만한 친구도 없었고, 공동묘지에서 늘 벌어지는 장사지내는 모습을 보고 자라면서 그것을 따라하고 있었습니다. 어머니는 아들의 모습을 보고 안 되겠다 싶어 시장 근처로 이사를 했습니다. 그러자 맹자는 이제 시장에서 물건을 사고 파는 장사꾼들을 따라하기 시작했습니다. 어머니는 자식의 미래를 위해 이번에는 글방 근처로 이사를 했습니다. 그제서야 맹자는 글방에서 공부하는 아이들을 따라 공부를 하기 시작했고, 그렇게 공부를 함으로써 마침내 공자의 뒤를 잇는 훌륭한 사상가로 성장할 수 있었습니다.

여기서 나온 말이 맹모삼천지교(孟母三遷之敎)입니다.

여러분은 이 이야기가 우리에게 무슨 교훈을 준다고 배웠나요?

그동안 이 이야기는 자녀교육에서 환경의 중요성을 강조하는 예로 많이 사용되었습니다. 그렇게 배웠기에 지금도 많은 이들이 당연히 이 이야기를 예로 들며 교육환경의 중요성을 이야기합니다. 이 이야기를 교훈으로 삼아 자녀를 걱정하는 많은 부모들이 소위 명문대에 높은 합격률을 보이는 학원이 있는 강남을 찾아 이사를 하는 경우가 많습니다. 오죽하면 강남의 높은 집값은 맹자의 어머니 같은 부모들이 올려놓았다고 할 정도겠습니까? 아마 여러분도 이렇게 배웠고, 이렇게 알고 있을 것이라 생각합니다.

하지만 저는 맹모삼천지교의 일화를 이렇게만 해석하는 것에는 많은 아쉬움이 있다고 봅니다. 물론 자녀교육에서 환경만큼 중요한 것은 없겠지요. 하지만 큰 틀로 보면 맹자를 위대한 사상가로 만든 것이 과연 글방 근처에 자리를 잡았기 때문으로만 볼 수 있을까요?

맹자의 성선설에는 인간에 대한 깊은 탐구가 들어 있습니다. 그것은 글방에서 배운 책에서만 배울 수 있는 것이 아니라 공동묘지와 시장통에서 만나고 부대낀 사람들의 삶에서 배울 수 있는 것들이었습니다. 즉 어려서부터 남들이 쉽게 경험할 수 없는 다양한 경험을 했기에 가능한 일이었습니다.

따라서 맹모삼천지교 이야기는 교육환경의 중요성을 강조하는 사례로 보는 것도 중요하지만, 그 못지않게 어려서부터 누구도 경험하지 못할 다양한 경험을 시켜주는 것이 중요하다는 것을 일깨워주는 사례로 보는 것도 중요하다는 것이 저의 생각입니다.

맹자는 성선설을 이야기하면서 측은지심(惻隱之心)을 근거로 삼았습니다. 맹자는 유교의 핵심 사상인 인(仁)이 나보다 못한 사람을 불쌍히 여기는 마음, 즉 측은지심에 있다고 보았고, 측은지심의 근거로 우물에 들어가는 아이를 바라보는 사람의 마음을 예로 들고 있습니다.

어린아이가 우물에 빠지는 것을 보면 사람들은 깜짝 놀라며 불쌍히 여기는 마음을 일으키는데, 이 마음은 어린아이와 부모를 통해 무엇을 얻고자 하는 손익계산에 따른 것이 아니라, 즉 어린아이를 구해줌으로써 얻는 명예를 위함도 아니고, 어린아이를 구해 주지 않았다고 비난하는 소리가 싫어서도 아니라, 인간이 본성으로 갖고 있는 측은지심이 있기 때문이라고 주장했습니다.

그렇다면 맹자는 어떻게 사람들이 우물에 빠지는 아이를 보고 불쌍히 여긴다는 본성을 갖고 있다는 주장을 할 수 있었을까요?

그의 삶을 유추해 보면 공동묘지와 시장통에서 수많은 사람들을 만났던 어린 시절의 경험이 성선설의 소중한 근거로 작용했음을 알 수가 있습니다.

그 당시 맹자가 만약에 귀족의 아들로 태어나서 고귀하게 자랐다면, 어떻게 사람들의 마음 속에 안 좋은 상황에 처한 사람을 보고 불쌍히 여기는 마음이 있다는 것을 알 수 있었을까요?

맹자가 공동묘지나 시장통에서 살았던 경험이 없었다면 성선설은 생각조차 할 수 없었을지도 모를 일입니다.

"사람은 경험한 만큼 알고, 아는 만큼 행동하고, 행동한 만큼 원하는 것을 얻게 된다. 결국 그 사람의 꿈의 크기는 경험의 크기가 좌우하는 것이다."

경험의 크기가 얼마나 중요한지를 또다시 생각해보게 됩니다. 제가 대진에서 살면서 버스 안내양을 꿈꿨던 어린 시절의 경험은 제게 소중한 기억으로 자리 잡고 있습니다. 어렸을 적 그 소중한 경험은 제가 독립적으로 자랄 수 있게 해주었습니다. 맹자의 공동묘지와 시장통 생활의 경험만큼, 그때 "오라이!" 하며 자신있게 큰 목소리를 내던 경험이 오늘의 저를 만들어 주는데 큰 도움을 주었습니다. 그만큼 제 인생의 소중한 경험이었습니다.

시대는 바야흐로 다양한 경험을 바탕으로 창의력을 발

휘하는 융합형 인재를 요구하고 있습니다. 인공지능의 출현으로 한때 잘 나가던 직업이 사라지고 있습니다. 이런 것을 고려하지 않고 한 가지 목표만 세웠다가는 어느 한 순간에 그 직업이 사라진 것을 확인하고는 망연자실할 수밖에 없는 상황에 직면할 수가 있습니다. 시대는 그 어느 때보다 많은 경험을 한 사람이, 그 경험을 융합한 창의력으로 활용해서 더 좋은 일을 만들어 나가는 능력을 요구하고 있습니다. 따라서 시대에 맞는 인재가 되기 위해서, '행복에 이르는 감'을 키우기 위해서 우리는 그 어느 때보다 풍부한 경험을 해나가야 합니다.

지금은 예전처럼 한 가지 능력과 한 직종의 일만으로는 생존할 수 없는 시대로 접어들었습니다. 대신에 본인이 어떻게 하느냐에 따라 하나의 직업군을 강점으로 또 다른 직업군에 도전해서 성공에 이를 수 있는 경우가 많아지고 있습니다.

몇 해 전, 제게 강의를 들었던 분 중에 무대 위에서 노래를 부르셨던 가수의 이야기입니다. 그 분은 어느 순간이 되자 무대에 서는 일이 줄어들어서 너무 힘든 상황에 처했습니다. 그동안 가수로 성공하고자 쏟았던 열정과 심혈을 기울였던 노력이 수포로 돌아가면서 말로 표현할 수 없는 상실감과 좌절감에 극단적으로 생을 마감하려고까지 했습니다.

그러던 중 우연한 기회에 노래지도자라는 자격증 과정이 있다는 것을 알고, 큰 기대감 없이 협회 자격과정에 왔다가 새로운 경험 속에 큰 울림을 느끼고 용기를 내어 새로운 출발을 하기로 결심했습니다. 자격과정을 마치고 매주 있는 스터디에 한 번도 빠짐없이 참석하면서 또 다른 자신을 만날 수 있었습니다.

그때부터 삶의 큰 변화가 일어나기 시작했습니다. 먼저 무표정이었던 얼굴에 미소와 웃음이 가득했습니다. 환한 표정으로 바뀌면서 온몸에 생기가 넘쳐흐르기 시작했습니다. 부정적인 생각이 긍정적으로 바뀌었고, 좌절감이 용기로 바뀌어 사람들에게 노래와 웃음을 전달하는 행복한 노래 강사님이 되었습니다.

어느 날, 그 강사님의 딸이 찾아왔습니다. 엄마의 변화가 믿기지 않아 자신이 직접 확인하고 싶었다고 합니다. 그렇게 찾아와서 엄마에게 일어난 놀라운 변화에 정말 감사하다며 그동안 있었던 이야기를 들려주는데, 그 자체가 인간승리여서 눈시울을 붉힐 수밖에 없었습니다.

그 강사님의 긍정적인 변화는 사업 실패로 술에 의지하며 살아가고 있던 남동생의 변화까지 이끌어냈습니다. 지금은 동생과 함께 일주일에 10군데가 넘는 곳에서 수업을 하는 활기찬 노래강사로 활동하고 있습니다.

그동안 무대에 서서 노래하는 가수가 전부라고 생각했을 때는 자꾸만 줄어드는 무대가 절망으로만 보였는데, 백세시대가 되면서 실버 세대의 건강과 여가활용을 위한 평생학습 강좌가 늘어난 것에 발맞춰 노래강사의 길로 생업을 전환한 것이 큰 빛으로 다가온 것입니다.

그 분에게 그동안 가수로 무대에 섰던 경험은 노래강사로 활동하는데 큰 자산이 되었습니다. 그 경험을 생동감있는 강의의 사례로 활용할 수 있어 수강생들에게 큰 인기를 얻어 새로운 인생을 펼쳐갈 수 있게 된 것입니다.

사람은 자신이 경험한 만큼 목표를 세우기 마련입니다. 가수의 경험이 있었기에 노래강사가 되겠다는 목표를 쉽게 세울 수 있었던 것처럼 풍부한 경험은 그만큼 소중한 자산이 되어 시대에 맞는 새로운 업종을 찾아 얼마든지 새로운 목표를 정할 수가 있습니다.

따라서 '행복에 이르는 감'을 키우려면 풍부한 경험을 해봐야 합니다. 풍부한 경험 속에서 자신이 진정으로 하고 싶은 일을 찾을 수 있고, 또 자신의 적성과 능력에 맞는 일을 찾아 더 확실한 목표를 세울 수 있기 때문입니다.

TIP

많은 것을 경험하라

1. 경험으로 교훈을 얻는다
2. 풍부한 경험이 직업 선택의 폭을 넓혀준다
3. 다양한 경험으로 창의력을 발휘하는 융합형 인재를 요구하는 시대의 경쟁력을 갖춰라

05 배움의 자리에 들어서라

어머니는 어린 시절부터 똑똑하다는 말을 많이 들었다고 합니다. 하지만 그 당시 많은 이들이 그랬던 것처럼 집안이 너무 어려웠고, 여자라는 이유로 굳이 가르치려고 하지 않는 사회 풍토 때문에 초등학교를 겨우 졸업하고 중학교는 진학할 엄두도 내지 못했다고 합니다.

"딸들아! 엄마 소원은 공부하는 거야."

아버지는 그런 어머니의 마음을 알기에, 항상 우리에게 어머니를 대변해서 이렇게 말씀하셨습니다.

'공부하는 게 소원이라니? 뭐 그런 게 있어. 공부는 그

냥 하면 되는 거 아냐?'

아버지 말씀을 들을 때마다 저는 늘 이렇게 생각했습니다. 그래서 어느 날은 아무 생각 없이 당연하다는 듯이 어머니에게 말했습니다.

"엄마, 마음만 먹으면 얼마든지 할 수 있으니 이제 엄마도 공부해보세요."

그때 어머니는 아무 대꾸도 하지 않았습니다. 자식들한테도 감추고 싶으셨나 봅니다. 지금 생각해 보면 어머니의 기분은 전혀 생각하지 못하고 너무 쉽게 한 말이었습니다. 그런데 어머니는 그 말을 진지하게 듣고 바로 실천에 옮기셨습니다. 어느 날, 어머니한테 아주 행복한 목소리가 드러나는 전화를 받았습니다.

"둘째야, 엄마 중학교 다니기 시작했다."

어머니는 그렇게 만학의 꿈을 키우시더니, 중고등학교 과정을 마치기 위해 6년 동안 하루도 빠지지 않고 양양에서 강릉까지 가깝지 않은 거리로 공부를 하러 다니셨습니다.

"요즘 엄마 이런 거 배운다."

가끔 집에 가면 어머니는 공부하는 노트를 보여주며 행복한 표정으로 자랑하셨습니다. 그렇게 중학교, 고등학교를 마치셨습니다. 어머니가 고등학교 졸업을 할 때 서울에 있는 딸들과 사위, 손자, 손녀가 모두 축하해주러 강릉으로 달려갔습니다.

저는 지금도 그때 한없이 행복해하던 어머니의 모습을 생생하게 기억합니다. 세상에 그보다 더 행복한 표정이 어디에 있을까요?

배움이란 이처럼 즐겁고 행복한 일입니다. 요즘은 배움이라고 하면 아이들이 학교에서 일처럼 해야 하는 공부로만 생각해서, 배우는 것을 힘든 것으로 생각하는 이들이 많지만, 원래 배움이란 새로운 것을 알아가는 과정으로 즐거울 수밖에 없습니다. 새로운 것을 알아갈 때마다 느끼는 기쁨을 어디에 비할 수 있을까요?

어머니는 늦은 나이에 중고등학교를 다니시면서 스스로 배움의 즐거움을 느끼셨을 뿐만 아니라 우리에게 세상에서 배움만큼 즐겁고 행복한 일도 없다는 것을 보여주었습니다.

어머니처럼 진정으로 원해서 배움의 자리에 들어선 사람은 어느 한순간도 기쁘지 않을 날이 없습니다. 하나하나 배워갈수록 새롭게 아는 것이 늘어나니 그것보다 더 기쁜 일이 어디에 있겠습니까?

물론 배움의 과정이 항상 즐겁기만 한 것은 아닙니다. 누구나 처음 배우기 시작할 때는 신기해서 즐거워하지만, 배움이 깊어갈수록 힘든 경우를 만나기 마련입니다. 마치 유치원에 처음 들어가서 무엇인가 배워올 때는 마냥 즐거운 일만 있지만, 차차 배움의 강도가 깊어갈수록 뜻대로 되지 않아 힘들어 하는 것과 같습니다. 배울수록 모르는 게 더 많아지는 것처럼 보일 수 있기 때문입니다. 그러니 괴로움이 저절로 따라오는 것은 어쩔 수 없습니다.

배움이란 모르는 것을 알아가는 과정입니다. 일반적으로 무엇을 모르는지도 모르는 사람은 자신이 아는 것만으로 세상을 살아가기 때문에 힘들 수밖에 없습니다. 그런데 배움에 길에 들어서면서 무엇을 모르는지 알아가는 사람은 이제 모르는 것을 알아갈 일만 있기 마련입니다. 새롭게 알아가는 것으로 지금까지 살아온 삶과 다른 세계로 들어서는 힘을 갖출 수 있습니다. 그러니까 지금보다 나은 삶을 살 수밖에 없는 것입니다.

일반적으로 배움을 크게 네 단계로 구분합니다.

첫째 : 아무것도 모르는 단계

둘째 : 무엇을 모르는지 알아가는 단계

셋째 : 알기는 알겠는데 아는 대로 되지 않는 단계

넷째 : 아는 만큼 그대로 되는 단계

이때 배움이 깊어가는 셋째 단계에서 가장 많이 만나는 것이 좌절감입니다. 알기는 아는데 아는 대로 되지 않을 때, 나는 타고난 능력이 이것밖에 되지 않나 싶어서 포기하는 경우도 많습니다. 공부는 이때 더 열심히 해야 합니다.

이때 가장 중요한 것이 함께 공부하는 이들과 경험을 공유하는 것입니다. 사람은 자신의 문제는 객관적으로 보기가 힘들지만, 다른 사람의 문제는 객관적으로 보는 눈이 발달해 있습니다. 혼자서 하는 공부는 포기하고 싶은 마음이 올라 올 때 속수무책이지만, 함께 하는 공부는 포기하고 싶은 마음이 올라올 때 같은 처지에 있는 사람들이 곁에 있으니까 서로 속풀이를 해가며 극복하기가 쉽습니다. 함께 공부하는 이들끼리 서로 피드백을 주고받다 보면 가장 확실한 답을 얻을 수 있기 때문입니다.

그래서 우리는 배움의 자리를 찾아가야 합니다. 혼자 하는 공부는 한계가 있습니다. 함께 하는 공부는 오래 갈 수가 있습니다.

예전에는 돈이 없으면 배우기도 힘들었습니다. 하지만

요즘은 본인이 마음만 먹으면 얼마든지 배울 수 있는 길이 열려 있습니다. 국가적으로 평생학습을 장려하면서 주민센터에서 운영되는 평생학습 프로그램 무료강좌가 많이 있습니다. 누구든지 배우겠다는 마음만 먹고 배움의 자리를 찾기만 하면 얼마든지 배움의 자리에 들어설 수 있습니다.

삶의 궁극적인 목적인 행복은 자아실현을 해나가는 과정에서 가장 크게 느낄 수 있다고 합니다. 따라서 행복하고 싶으면 우리는 끊임없이 배움의 자리에 들어서야 합니다.

여든에 만난 새 세상

조원동

여든에 공부를
하는 데가 있다기에
반가워 반가워

찾아갔더니

어서 오라며
반기신 선생님

어느덧 이름도 쓰고
간판도 보고
집 주소도
쓸 수 있으니

새 세상 환하게 열렸네

- 시집『민초 어르신들의 노래』에서

어려운 시기에 태어나서 배우지 못해 문맹으로 살다가 여든에 평생학습센터에서 운영하는 문해교육에 참여해서 한글을 배우신 조원동 어르신의 심경이 담겨 있는 시입니다.『민초 어르신의 노래』라는 시집은 이처럼 늦게 배움의 기쁨을 일깨워주시는 어르신 여덟 분의 삶을 잘 담고 있습니다.

이와 비슷한 스토리를 가진 『시인 할매』라는 영화도 나왔습니다. 많은 이들이 경로당에 모여서 수다를 떨며 시간을 보낼 때 용기를 내서 한글을 배우기 시작했고, 그렇게 평생을 괴롭혔던 문맹에서 벗어나 배움의 기쁨을 누리고 있다는 이야기는 우리에게 진한 감동을 주고 있습니다.

당신도 행복한 삶을 원하시나요? 그렇다면 지금 당장 배움의 자리에 들어서기 바랍니다. 함께 공부하는 이들과 어울리는 것만으로도 배움의 기쁨을 누릴 수 있습니다. 그 속에서 자기계발도 함께 해나갈 수 있으니 금상첨화의 효과를 얻을 수 있을 것입니다.

배움의 길에서 느끼는 행복은 그 무엇으로도 바꿀 수 없습니다. 예를 들면 이런 경우도 있습니다.

요즘 스마트폰이 없는 사람이 얼마나 될까요? 오죽하면 집안의 애완견도 스마트폰은 있을 거라는 말이 나올 정도로 보편화가 되었습니다. 어렸을 때부터 스마트폰을 끼고 사는 아이가 있을 정도입니다. 우는 아이에게 "곶감 준다"며 달래던 말은 옛말이 되었고, 지금은 스마트폰 하나만 건네주면 울던 아이도 뚝 그치는 모습을 흔하게 볼 수 있습니다.

그런데 이 스마트폰에 대해서 얼마나 알고 있나요? 아직도 스마트폰을 전화 정도로만 생각하고 있다면 당신은 시대에 뒤떨어져도 한참 뒤떨어져 있는 것입니다.

스마트폰은 요즘 만능 기계입니다. 전화는 기본이고, 언제든지 검색만 하면 어떤 정보든 쉽게 얻을 수 있는 최고급 보조 두뇌장치라고 할 수 있습니다. 잘 활용하면 인공지능에 버금가는 능력을 발휘해서 시대를 앞서갈 수 있고, 활용할 줄 모른다면 시대에 뒤처진 낙오자로 전락할 수밖에 없습니다.

때맞춰 '스마트폰활용지도사'라는 직업군이 생겨났습니다. 이 말이 생소하다면 당신은 이미 시대에 뒤처진 사람입니다.

60대를 바라보는 나이에 이 신생직업에 도전해서 자격

증을 딴 후에 지금은 여러 기관을 다니며 많은 분들에게 스마트폰 활용법을 가르쳐주는 것으로 직업을 삼은 분이 있습니다. 수강생들은 스마트폰을 잘 다루지 못하는 실버 세대가 주를 이루고 있습니다. 이 분은 강사로서 그들의 고충을 누구보다 더 잘 알기에 눈높이 교육을 할 수 있어서 더 많은 인기를 얻고 있습니다.

이 분이 처음부터 스마트폰을 잘 한 것은 아닙니다. 처음에는 단순히 스마트폰을 잘 다루고 싶어서 배우기 시작했습니다. 그러다 보니 동년배에 비해 스마트폰을 잘 다룰 수 있었고, 배움의 자리에서 '스마트폰활용지도사' 과정이 있다는 것을 알고 용기를 내서 더 깊이 배우기 시작한 것입니다.

지금은 학습자들에게 가르치는 것을 통해 배움의 즐거움을 느끼며 행복한 나날을 보내고 있습니다.

배움이 배움을 낳습니다. 한번 배움의 끊을 놓으면 남들이 다 하는 것을 따라하지 못해 뒤처지기 십상이지만, 한번 배움의 길에 들어서기만 하면 배움이 배움을 낳는 경험을 하면서 남들보다 훨씬 앞서 갈 수 있습니다. 지금 평생학습 현장에서 배움의 기쁨을 누리고 있는 이들이 이를 증명합니다.

이제 당신의 차례입니다. 지금이라도 당장 배움의 자리로 들어서서 배움이 주는 기쁨을 누려가며 인생의 목적인 행복의 경험을 축적해 보시기 바랍니다. 첫발이 어렵지, 한번 발을 들여 놓으면 배움이 배움을 낳는 경험 속에서 행복한 날을 보낼 수 있을 것입니다.

TIP

배움의 자리에 들어서라

1. 새로운 배움에 도전하여 행복을 느껴라
2. 혼자 하는 공부보다 함께 하는 자리를 찾아라
3. 평생학습 프로그램에 적극적으로 참여하라

생각 정리

gAm2

Action으로 감을 키워라

01 지금 당장 작은 목표를 세워 실천하라

생각이 바뀌면 행동이 바뀌고,
행동이 바뀌면 습관이 바뀌고,
습관이 바뀌면 인생이 바뀐다.
- 윌리엄 제임스

워낙 유명한 말이어서 여러분도 한 번쯤은 들어봤을 말입니다. 그럼에도 한번 진지하게 고민해봤으면 합니다. 아무리 좋은 이론이라도 실천이 따르지 않으면 의미가 없습니다. 따라서 실천을 중요하게 여기는 입장에서 짚고 넘어갔으면 하는 것입니다.

"생각과 행동 중에 무엇을 먼저 바꿔야 할까요?"

"생각을 바꾸기가 쉬울까요? 행동을 바꾸기가 쉬울까요?"

현장에서 이렇게 질문하면 거의 반반 수준으로 나타납니다. 어떤 사람은 생각을 바꾸기가 쉬우니까 생각을 먼저 바꿔야 한다고 하고, 어떤 사람은 행동을 바꾸기가 쉬우니까 행동을 먼저 바꿔야 한다고 합니다.

당신은 어떻게 생각하시나요? 현장에서는 나와 생각이 다른 이들이 있다는 것을 금방 확인할 수 있지만, 이 책을 읽고 있는 당신은 혼자일 확률이 높기 때문에 내 생각과 반대되는 의견을 가진 이가 있다는 것을 확인할 수 없는 것이 아쉬울 뿐입니다.

당신이 실천을 중요하게 여기는 사람이라면 이쯤에서 주변 사람들과 이 문제에 대한 의견을 확인할 필요가 있습니다.

"생각과 행동 중에 무엇을 먼저 바꿔야 할까요?"

"생각을 바꾸기가 쉬울까요? 행동을 바꾸기가 쉬울까요?"

먼저 당신의 생각을 정리해 보고, 이번에는 나와 다른 사람의 반론에 어떻게 대답할 것인지 생각해 보았으면 합니다.

"생각을 바꾸기가 쉬우니까 당연히 생각을 먼저 바꿔야 합니다."
"생각이 어디 쉽게 바뀌나요? 저는 행동을 먼저 바꿔야 한다고 봅니다."

이 문제를 이론으로만 접근하면 탁상공론이 될 수밖에 없습니다. 실천이 없기 때문이지요. 이럴 때는 먼저 구체적인 상황을 설정하고 실천의 현실성을 따져봐야 합니다. 예를 들면 이런 식입니다.

"행복해서 웃는 것이 아니라 웃기 때문에 행복한 일이

생기는 것이다."

평소에 웃지 못하고 인상만 쓰고 다니는 사람에게 이런 말이 들릴까요?

"웃을 일이 없어서 웃지 못하겠다."

평소에 웃을 일이 없다고 생각해서 웃지 못하는 사람 중에는 아무리 웃음이 좋다고 해도 이렇게 반문까지 하며 웃을 일이 생기지 않으면 웃지 못하겠다고 하는 경우가 있습니다. 더러는 그 자리에서는 웃어야 한다는 말을 듣고 웃어는 보지만 뒤돌아서서는 습관대로 인상만 쓰게 되고, 웃어야 행복한 일이 온다는 생각 자체를 금방 잊어버리는 경우가 많습니다.

그만큼 습관은 무섭습니다. 따라서 행복하기 위해서 웃으려면 평소에 웃는 습관으로 바꿔나가야 합니다. 그렇다면 습관을 바꾸려면 어떻게 해야 할까요?

먼저 할 수 있는 쉬운 것부터 행동으로 옮겨봐야 합니다. 처음에는 쉬운 행동부터 해봐야 더 하고 싶다는 생각이 들고, 그렇게 생각이 바뀌면 행동을 더욱 지속적으로 이어갈 수 있어서 마침내 습관을 바꿔나갈 수 있는 것입니다.

일상에서 먼저 바꾸기 쉬운 행동을 해가면서 자꾸 반복하다 보면 생각보다 먼저 몸이 반응하게 되고, 그런 경험이 축적되면 습관으로 자리 잡아 오랫동안 실천을 이어가면서 자연스럽게 습관으로 자리 잡게 되는 것입니다.

생각으로 챙긴 목표는 오래 가기가 힘듭니다. 지금 당장 행동으로 옮겨서 챙긴 목표가 몸에 새겨져 기억에도 오래 각인되어서 끝까지 갈 수 있다는 것을 알아야 합니다. 경우에 따라서는 생각보다 먼저 행동을 바꾸는 것이 더 현명한 방법일 수 있다는 것을 알아야 합니다. 행동을 바꾸면 이전에는 습관으로 굳어져 생각조차 할 수 없었던 생각을 할 수 있게 되고, 그 생각이 더 많은 행동을 이끌어서 습관을 바꾸는 큰 힘을 발휘할 수 있기 때문입니다.

웃어야 행복이 온다는 생각을 챙기는 것도 중요하지만, 그보다 더 중요한 것은 지금 당장 아무 생각 없이 웃어보는 것이 더 중요하다는 것을 알아야 합니다.

일단 먼저 웃고 봐야 웃을 수 있고, 그렇게 자꾸 웃다보면 정말로 웃는 일이 더 많이 생긴다는 것을 경험하게 되고, 그 경험을 통해서 웃어야 한다는 생각도 계속 챙겨나갈 수 있습니다.

생각이 먼저일까요? 행동이 먼저일까요?

이것은 정말 애매한 관계입니다.

일반적으로 생각해야 행동이 따르는 것이 맞습니다.

하지만 생각은 어떻게 일어나는가요?

일상에서 비슷한 경험을 많이 해봐야 생각도 쉽게 일어날 수가 있습니다. 관련된 경험이 전혀 없다면 애초에 생각 자체를 일으키지 못하는 경우가 많은 것입니다.

생각과 행동의 관계는 목표설정과 실천의 관계와 똑같습니다. 아무리 목표설정이 중요하다고 해도 그 목표와 관련된 경험이 없는 사람은 애초에 목표를 세울 생각조차 하지 못하기 마련입니다. 따라서 목표설정을 하려면 먼저 그 목표와 관련된 작은 행동이라도 자꾸만 실천을 해서 목표를 이룰 수 있겠다는 생각이 들게 만들어가야 합니다.

마라톤을 목표로 설정하려면 일단 짧은 거리라도 먼저 뛰어보아야 합니다. 짧은 거리라도 뛰어보는 행동을 실천으로 옮겨야 점차 근력이 생기게 되고, 근력이 생기면서 '이제 좀 먼 거리를 뛰어 볼까?'라는 생각을 하게 되고, 그 생각을 하면서 하프 마라톤이라도 참여하다 보면 비로소 '나도 마라톤 풀코스에 도전해 볼까?'라는 생각을 계속 이어갈 수 있습니다.

이런 것을 보면 생각을 바꿔야 행동이 바뀌는 것도 맞지만, 작은 행동부터 실천으로 옮겨야 생각이 바뀌는 것도 맞다는 것을 알 수 있습니다. 즉 생각과 행동을 따로 떼어서 생각할 것이 아니라 둘은 상호보완적으로 작용한다는 것을 알 수 있습니다.

생각이 먼저일까요? 행동이 먼저일까요?

결코 이론으로만 따져서는 답을 얻을 수 없습니다. 때에 따라서 어떤 것은 생각을 먼저 바꿔야 행동이 따라 바뀌는 경험을 할 수 있고, 어떤 것은 먼저 행동부터 해놓고 봐야 그 행동의 결과에 따라 생각이 바뀌는 경험을 할 수 있기 때문입니다.

따라서 우리는 인생에서 행복이라는 목적을 달성하고 싶으면, 생각이 먼저냐, 행동이 먼저냐를 따지기 전에 먼저 지금 당장 행복한 작은 일부터라도 실천해봐야 합니다.

저는 레크리에이션 강사로 활발히 활동하다가 독일 유학길에 올랐습니다. 결혼하고 유학길에 올랐고, 유학 중에 아이를 낳았습니다. 독일에서 유학생활을 하면서도 강사는 나의 천직이라고 생각했습니다. 유학을 마치고 한국에 돌아왔을 때는 아들이 4개월이었습니다.

당장 내 욕심만 채울 수 없었습니다. 그래서 인생의 큰 목적인 행복을 이루기 위한 단계로, 일단 작은 목표를 세웠습니다. 지금의 내 현실에서는 아이에게 모든 것을 집중하는 것이 일차적인 목표라고 생각했습니다.

그렇게 4년 동안 온전히 엄마의 삶에 충실했습니다. 아이를 키우는 시간 동안에도 나의 꿈을 마음에서 내려놓은 적이 없었습니다. 언제나 아이가 크면 무엇을 해야 할지 고민했습니다.

'아이를 키우면서 준비할 수 있는 일이 무엇일까?'

이런 고민을 하다가 레크리에이션 강사활동의 경험을 이어갈 '노래지도자'를 알게 되었습니다. 아이를 키우는 내내 '노래지도자'라는 직업군에 대해 알아보고 준비에 들어갔습니다.

아이가 네 살이 되자 어린이집에 보낼 수 있었습니다. 아이도 이제 하루 종일 엄마의 보호를 받지 않아도 될 나이가 된 것입니다.

그때부터 '노래지도자'에 대한 목표를 분명히 하고 실천에 들어갔습니다. 1년의 교육과정을 밟으면 자격증을 취득할 수 있는 학교에 입학했습니다. 목표가 분명했기에 하루도 빠지지 않고 다녔습니다. 그 준비 기간은 내게 보물과도 같은 소중한 시간이었습니다.

교육과정을 밟으면서 저는 얼른 또 다른 목표설정을 하고 실천에 들어갔습니다. 수료 전에 반드시 강의를 시작하고 말겠다는 목표를 잡고, 여기저기 정보를 찾아 당장 강의를 할 수 있는 기관의 문을 두드리기 시작했습니다. 그렇게 실천하다 보니 처음 강의를 한 기관에서 좋은 반응을 얻었습니다.

작은 실천이 저를 더 큰 무대로 옮겨 놓았습니다. 이제 '나도 할 수 있다'는 생각을 하게 되었고, 그렇게 생각을 바꾸면서 바로 실천하기 위해 또 하나의 수업을 열었습니다. 수업을 열어 놓고 보니, 또 그 목표를 이루기 위해 실천해야 할 것들이 보이기 시작했습니다.

처음 강의를 시작하게 된 기관 담당자분에게 다른 기관의 정보를 얻을 수 있었고, 그런 정보를 바탕으로 서류를 넣고 면접을 보면서 수업을 하나하나 늘려나갔습니다. 매 순간 작은 실천이라도 해야겠다는 각오로 임하다 보니 어느 순간부터 일주일이 거의 다 꽉 찬 강의 시간표로 채워졌습니다.

매 순간 목표했던 일을 하나하나 실천해 나가면서 경험을 쌓아갔고, 그 경험을 축적하면서 나의 심장은 더욱 요동쳤습니다. 그래서 지금은 그런 경험을 바탕으로 강연장에서 이렇게 말하고 있습니다.

"행복하고 싶으면 작은 실천부터 해보세요."

작은 실천을 하다 보면 그 실천 경험에 따라 새로운 목표가 생기는 경험을 할 수 있을 것이고, 그런 경험을 축적하다 보면 어느 새 인생의 목적인 행복을 이루기 위한 단계별 목표를 성취해 나가고 있는 나 자신을 발견할 수 있습니다. 그러다 보면 매 순간이 인생의 목적인 행복으로 충만하다는 경험도 축적해 나갈 수 있을 것입니다.

TIP

지금 당장 작은 목표를 세워 실천하라

1. 생각보다 행동으로 새긴 목표가 오래 간다
2. 생각이 바뀌면 행동이 바뀌듯이 행동이 바뀌어야 생각이 바뀌는 것도 있다는 것을 안다
3. 지금 당장 작은 일부터 실천하다 보면 그것이 습관으로 자리 잡아 내 삶을 바꿔준다는 것을 분명히 안다

02 네 가지 좋은 습관을 들여라

아침에 10분 아니, 5분만 일찍 일어나도 시간적 여유가 생김을 우리는 경험을 통해 알 수 있습니다.

그 짧은 시간 동안에 스트레칭을 할 수도 있고 책 몇 장을 읽을 수도 있고 맛있는 빵이나 음료를 마실 수도 있고 음악을 들을 수도 있고 영어 한두 문장을 외울 수도 있고….

"습관을 바꾸려면 작은 실천이라도 꾸준히 하라."

습관은 실천의 반복으로 이뤄집니다. 따라서 좋은 습관을 들이려면 먼저 꾸준히 작은 실천부터 해나가야 합니다.

저는 올빼미형에 가까웠습니다. 항상 새벽 2~3시쯤 잠자리에 들었습니다. 오랫동안 몸에 배어있는 습관이라 밤에 많은 일을 했습니다. 컨디션이 좋지 않은 날을 제외하고는 늘 늦은 밤 잠자리에 들었습니다. 그러다 보니 아침에 늦게 일어나게 되고 피곤함을 잘 느꼈습니다. 마음속으로는 '조금만 일찍 자고 일찍 일어나야지!'라고 다짐하지만 잘 되지 않았습니다.

아침 기상은 저의 가장 큰 고민이었습니다. 아침에 조금이라도 일찍 일어나서 개운한 마음으로 하루를 시작해야 좋은데, 오래된 습관으로 아침에 일어나는 것이 정말 힘들었습니다. 그래서 어떻게든지 아침에 일어나는 습관을 갖기로 마음먹고, 알람을 준비하고, 모닝콜을 활용하기도 했지만, 아침에 일어나는 습관을 갖기가 너무 힘이 들었습니다.

어느 날엔가 작정하고 일찍 잠자리에 들어 보았습니다. 다음날 다른 날에 비해 피곤함을 덜 느꼈습니다. 다음부터 조금 일찍 잠자리에 들려고 노력했습니다.

예전에는 일찍 일어나려는 데 초점을 맞췄다면 이번에는 조금 일찍 잠자리에 드는데 초점을 맞춘 것입니다. 그리고 일찍 잠자리에 드는 것을 실천해 나가자 어느 순간 아침에 일찍 일어나는 습관이 몸에 배기 시작했습니다. 이제는 아침 시간만 되면 저절로 눈이 떠져서 상쾌한 아침을 맞고 있습니다.

습관을 고치는 방법은 꾸준한 실천입니다. 백번 생각하는 것보다 먼저 한 번의 실천이 중요하고, 한 번의 실천으로 끝내는 것이 아니라 꾸준히 이어가는 것이 중요합니다. 따라서 처음부터 큰 목표를 세우고 무작정 실천하는 것보다 지금 단계에서 할 수 있는 작은 실천부터 차근차근 해나가면서 꾸준히 이어갈 수 있어야 합니다.

이제부터 제가 실천하는 아주 간단하지만 꼭 익히면 좋을 네 가지 습관을 제시해 봅니다. 여러분도 함께 실천해서 좋은 성과를 얻었으면 하는 바람을 담아 봅니다.

첫째, 건강을 유지하기 위해 아침에 일어날 때마다 기지개를 쭉 켜보는 습관입니다. 건강을 위해서는 최고로 좋은 습관입니다.

방법은 간단합니다. 아침에 일어나자마자 두 팔을 머리위로 쭉 뻗고 기왕이면 웃으면서 “으라차차!!!” 소리를 내며 활기차게 기지개를 켜보는 것입니다. 몸과 마음에 기지개를 활짝 켜고 하루를 맞이하는 습관! 분명, 당신의 하루도 즐거워질 것입니다. 건강을 관리하기 위한 기지개 켜는 습관, 어렵지 않으니 꼭 실천해 보았으면 합니다.

이 작은 습관을 꾸준히 해나가다 보면 어느 순간에 이것이 나도 모르게 습관으로 자리 잡아 상쾌한 아침을 맞는 것은 물론이고 건강한 몸을 유지할 수 있을 것입니다.

둘째, 마음을 다스리기 위해 짧은 시간이나마 나를 만나보는 시간을 갖는 습관입니다. 짜투리 시간을 활용해서 얼마든지 할 수 있습니다.

이것 역시 방법은 아주 간단합니다. 지그시 눈을 감고 나와의 대화 시간을 가져 봅니다. 이왕이면 예쁜 미소를 지으며 이야기해 봅니다. 아주 짧은 시간 동안 나를 응원하고 나를 위로하고 나를 사랑하는 이야기를 해봅니다.

"나니까 할 수 있는 거야."
"그래도 괜찮아."
"나를 축복해!"
"나는 소중해!"

진심을 다해 나에게 하고픈 이야기를 하고 사랑스런 나를 만나보는 것입니다.

하루도 거르지 않고 꾸준히 실천하다 보면 이것도 어느 순간에 습관이 되어 일상에서 더 당당하고 자신감 넘치는 나를 만나는 경험을 할 수 있습니다.

셋째, 두뇌만으로 간직하기에는 부족한 정보를 오래 간직하는 메모하는 습관입니다. 지금 우리는 정보가 넘쳐나는 세상에 살고 있습니다. 스마트폰 하나만으로도 모든 것을 얻을 수 있습니다. 지금은 정보의 양이 문제가 아니라 그 정보를 어떻게 활용하느냐가 중요합니다. 이때 정보를 적절히 활용할 수 있는 방법이 메모입니다. 꼭 필요한 정보를 잘 메모해 놓으면, 그 정보가 필요한 적절한 시기에 금방 찾아 쓸 수 있습니다.

지금은 어느 때보다 메모하기 좋은 환경이 갖춰져 있습니다. 예전에는 메모지와 필기도구를 들고 다녀야 했지만, 지금은 마음만 먹으면 스마트폰에 금방 메모할 수 있습니다. 핵심 키워드만 메모를 해놓아도 나중에 다시 검색하며 찾아볼 수 있기에 쉽게 메모하는 좋은 습관을 들여가며 '기억의 창고'를 넓혀 나갈 수 있습니다.

메모의 중요성에 대해서는 많은 책이 나왔습니다. 미즈키 아키코의 『퍼스트클래스 승객은 펜을 빌리지 않는다』에는 성공자들의 메모하는 좋은 습관을 아주 잘 표현하고 있습니다.

아주 사소한 것이라도 스마트폰을 이용해 메모하는 습관을 들이면 왜 성공한 사람들이 메모를 중요하게 여겼는지 체감할 수 있을 것입니다. 메모는 해본 사람만이 얻을 수 있는 소중한 보물이자 커다란 자산입니다.

넷째, 감사할 일을 더욱 많이 만들기 위해 매일마다 감사하기를 해나가는 습관입니다. 감사하기를 하면 정말 감사할 일이 생깁니다. 설사 감사할 일이 좀 늦게 오더라도 감사하는 순간만큼은 그 어느 때보다 행복감을 느낄 수 있습니다. 감사하는 순간만큼은 정말 행복하기 때문입니다.

제가 감사하기 습관을 들이기 시작한 것은 8년 전의 일입니다. 어떤 강연장에서 “감사하면 감사할 일이 생기기 마련이다”라는 말을 듣고, 정말 그렇겠다 싶어 그냥 따라 해 보기 시작했습니다.

매일 아침에 일어나서 감사할 일을 생각했고, 매일 저녁 잠들기 전에 감사할 일을 생각해서 진심으로 감사한 마음을 내기 시작했습니다. 그랬더니 정말 좋은 일이 넘쳐나기 시작했습니다. 좋은 일이 생기는 경험이 축적되다 보니 자연스레 감사하는 일이 습관으로 자리 잡았습니다.

그때부터 감사하기를 더욱 세분화하기 시작했습니다. 일명 ‘감사 감사 감사’라는 세 번의 감사입니다.

한 번은 과거에 대한 감사, 두 번째는 현재에 대한 감사, 세 번째는 미래에 대한 감사로 세분화 시켜서 그저 '감사 감사 감사'를 했습니다. 그랬더니 감사하는 순간만큼은 정말 행복했습니다.

또한 감사하는 순간에는 내가 이렇게 많은 이들에게 사랑을 받고 있다는 것을 실감할 수 있었습니다. 또한 그렇게 감사를 했더니 정말 감사할 일을 몰아주는 좋은 사람들을 더 많이 만나게 되었습니다.

저는 지금도 빠트리지 않고 '감사 감사 감사'를 실천하고 있습니다. 그리고 강의할 때마다 제 경험담을 들려주면서 함께 감사하기를 해보자고 했더니 실제로 따라 했던 분들이 저와 똑같은 경험담을 들려주기 시작했습니다.

이래도 감사하고 저래도 감사하고 무조건 감사합니다. 그저 무조건 '감사 감사 감사'를 해본 사람만이 감사를 통해 큰 행복을 얻을 수 있습니다.

여러분도 실천해서 감사로 인한 소중한 변화를 꼭 느껴보았으면 합니다.

우리를 행복으로 이끄는 네 가지 습관은 아주 간단합니

다.

건강을 위해 아침에 일어날 때 "으라차차!" 기분 좋게 소리를 내며 기지개를 켜고, 마음을 다스리기 위해 나를 만나는 시간을 가져보고, 기억의 저장고를 늘리기 위해 메모하기, 감사하며 행복한 일을 만들기 위해 매일 세 번의 감사하기.

누구나 마음만 먹으면 지금 당장이라도 할 수 있는 일이니 꼭 실천해 보시기 바랍니다.

TIP

네 가지 좋은 습관을 들여라

1. 건강을 위해 아침마다 기지개를 크게 켜본다
2. 마음을 다스리기 위해 짧은 시간이나마 꾸준히 나를 만나는 시간을 가져본다
3. 정보를 오래 저장하기 위해 꾸준히 메모를 한다
4. 감사할 일을 더욱 많이 만들기 위해 매일 감사하기를 해나간다

03 좋은 사람을 많이 만나라

사람은 사회적인 동물입니다. 누가 뭐래도 사람 속에서 행복해야 행복할 수 있습니다. 아무리 세상이 변하고, 홀로족을 위한 환경의 변화가 이뤄지고 있다고 해도, 사람은 사람과 더불어 살아야 하고, 사람과의 관계 속에서 살아가야 행복을 추구할 수 있다는 것을 명심해야 합니다.

'만남', '관계'로 이루어진 세상입니다. 세상 속에서 살아가려면 일단 사람을 많이 만나야 합니다. 사람을 많이 만나다 보면 나와 같은 사람도 만날 수 있고, 나와 다른 사람도 만날 수 있습니다. 세상을 살다 보면 나와 같은 사람만큼 나와 다른 사람도 소중한 인연으로 이어진다는 것을 알 수 있습니다.

소설을 통해 관심 분야가 같은 사람들이 모여서 활동하는 스토리들을 많이 볼 수 있습니다. 이렇게 관심 분야가 같은 사람이라면 애써 시간을 내서라도 더 많이 만나는 것이 좋습니다. 나와 관심사가 비슷한 사람들을 만나면 소통도 잘 되고, 그 속에서 행복이 축적되며 더 행복한 일들을 추구할 수 있기 때문입니다.

독서모임이 많이 이뤄지고 있습니다. 이른 새벽에 모이는 모임부터 주말 모임, 그리고 특정 요일을 정해서 만나는 모임 등이 다양하게 이뤄지고 있습니다. 마음만 먹으면 내게 맞는 시간에 맞춰 얼마든지 좋은 사람들을 만날 수 있습니다.

저 역시 지인의 소개로 독서모임을 갖고 있습니다. 모두 다른 연령대로, 다양한 분야에서 일하는 분들이 모이는 모임입니다. 조를 나누어 읽은 책에 대해 소감도 나누고, 맛있는 다과도 즐기고, 소통도 하는 그런 시간입니다. 함께 하는 분들 중에는 멀리 제주도에서 오신 분도 계십니다.

독서를 매개로 만났지만, 다양한 분야의 사람들과 교류도 하고 이야기를 나누며 색다른 경험을 하다 보니 그것이 다 내 삶의 행복한 자산으로 쌓이고 있습니다.

친구 중에 중국 동포가 있습니다. 몇 해 전 언니를 통해 알게 되었고, 지금은 베스트 프렌드라고 칭할 정도로 친한 사이가 되었습니다. 만난 지 얼마 되지 않아 서로의 속내를 털어놓으면서 더욱 가까워졌습니다.

친구는 한국에 처음 왔을 때는 한국말도 하지 못해 생활하는데 많은 어려움을 겪었다고 합니다. 그 누구보다도 열심히 살았지만, 그때 가장 힘들었던 것이 자신을 바라보는 우리나라 사람들의 선입견을 담은 따가운 시선이었다고 합니다. 그 마음을 진심으로 이해하고 소통하다 보니 친한 친구가 되었고 함께 하는 시간이 많아졌습니다.

친구가 속해있는 봉사모임을 함께 했고, 그때 중국 동포분들이 지역 사회의 발전을 위해 많은 봉사활동을 하고 있다는 것을 알았습니다. 친구를 통해 다양한 문화 모임에도 참여하면서 새로운 경험을 하게 되었습니다.

그런 경험은 강사로 활동하는 제게 많은 도움이 되었습니다. 지금도 친구와 성장 가능한 일을 함께 하면서 서로 도움을 주고 받으며 행복하게 지내고 있습니다.

저는 실버세대를 대상으로도 많은 강의 활동을 하고 있습니다. 어르신들을 찾아뵐 때마다 빼놓지 않고 전하는 이야기가 바로 모임을 꼭 가지라는 말입니다.

무엇인가를 배우는 것도 중요하지만 그 무엇보다 먼저 사람들과 소통을 하며 지내는 것이 젊음과 건강을 유지하는 최고의 비결이기 때문입니다.

고령화 시대에 접어들면서 실버세대를 위한 다양한 문화 활동 모임도 많이 형성되어 있습니다. 누구든지 마음만 먹으면 그 혜택을 다 누릴 수 있습니다.

비용을 많이 들이지 않고도 배울 수 있고, 사람들과 관계를 맺어 가면서 속내를 털어놓는 과정에서 괜히 끌어안지 않아도 될 질병들은 애초에 가까이 오지 못하게 할 수도 있습니다.

사람을 만나고 그 사람들과 소통하며 즐겁게 사는 것, 그것이 진정으로 행복한 삶에 이르는 길입니다.

어르신 중에 오랜 지병으로 활동을 못 하다 어느 날 친구를 따라 마지못해 노래를 가르쳐주는 곳에 가신 분이 계십니다. 처음에는 낯설고 어색했지만, 자신이 아는 노래가 나오자 저절로 따라 하게 되었고 손뼉도 치는 자신을 발견하면서 삶의 활력을 찾았다고 하셨습니다. 그날 저녁에 잠을 잘 때는 평소와 달리 숙면도 취했다고 하셨습니다. 어르신은 당신에게 일어난 변화가 놀라워 계속 모임을 찾아갔고, 지금은 누구보다 적극적으로 참여하며 즐거운 생활을 하고 있습니다.

사람을 만나는 것은 나를 살리는 일입니다. 건강과 행복한 삶을 이루는데 가장 기본적인 요소입니다.

사람을 만나는 것이 두렵다고 스스로의 생각에 자신을 가두지 말았으면 합니다. 사람은 다 같은 사람입니다. 내가 외로워하는 만큼 외로워하고, 내가 행복하고 싶은 만큼 다 행복하고자 합니다.

문화모임에서는 이런 것을 체계적으로 이끌어주는 지도자가 있습니다. 그들이 하자는 대로만 따라 해도 얼마든지 많은 사람을 만날 수 있고, 얼마든지 내 안의 행복을 추구할 수 있습니다.

주는 것은 그들의 몫이지만 받는 것은 내 몫입니다. 그들이 아무리 많은 것을 주려고 해도 내가 받지 못하면 행복할 수가 없습니다. 주는 것을 있는 그대로 받기 위해서라도 문화 모임 같은 곳에는 적극적으로 참여했으면 합니다.

TIP

좋은 사람을 많이 만나라

1. 관심 분야가 같은 사람을 찾아라
2. 독서모임이나 봉사활동을 찾아라
3. 평생학습 센터와 같은 곳의 문화 활동 프로그램에 적극적으로 참여하라

04 필요한 경제력을 갖춰라

"돈이 행복의 전부는 아니다."

가끔 부자들 중에 일부의 불행한 이야기가 매스컴을 탈 때마다 더욱 절실히 느끼는 말입니다. 그렇습니다. 수천억 원의 재산을 갖고도 불행한 삶을 사는 사람들을 보면 분명히 돈이 행복의 전부는 아니라는 것을 알 수 있습니다.

하지만 이 말은 역설적으로 들어야 합니다. 애초에 돈이 행복을 주지 않는다면 이런 말은 생기지도 않았습니다. 이 말이 생긴 것은 돈이 그만큼 행복에 큰 영향을 끼친다는 말입니다.

실제 부자들을 상대로 조사했을 때 70%는 돈이 행복을 안겨준다고 생각합니다. 돈이 있으면 있는 만큼 할 수 있는 일이 많아서 행복의 폭을 넓힐 수 있기 때문입니다.

예나 지금이나 행복의 조건을 갖추기 위한 가장 좋은 방법은 부잣집의 자녀로 태어나는 것입니다. 그리고 부잣집의 자녀로 태어난 이들은 이제 돈이 주는 행복을 최대한 누릴 수 있어야 합니다. 하지만 사람은 자신이 가진 것은 잘 누릴 줄 모르고, 가지지 못한 것에 대한 욕구를 더 크게 갖는다고 하던가요? 이런 심리 때문에 간혹 돈은 많지만, 그 돈을 버는 과정에서 가정에 소홀히 한 부모의 사랑을 제대로 받지 못한 2세들이 불행한 삶을 자초하는 경우가 많은 것입니다.

이런 경우는 그야말로 삶의 궁극적인 목적인 행복을 놓치고, 그 목적을 이루기 위한 목표에 불과한 돈을 버느라 고생한 부모가 꼭 생각해 보아야 할 일입니다.

대다수의 사람들은 행복하고 싶다면 돈이 행복에 큰 영향을 미친다는 것을 인정하고 최대한 돈을 벌기 위한 노력을 기울여야 합니다.

당신이 이미 경제적으로 안정을 구축했다면 굳이 고민할 필요가 없습니다. 대신 그 돈을 갖고 행복을 추구하는 길에 들어서기 위해 노력하면 됩니다. 혹시라도 돈이라는 목표를 이루기 위해 자신이나 가족, 주변 사람들을 소홀히 여긴 것은 없는가 챙겨가며 인생의 목적인 행복을 추구하는 길로 들어서기만 하면 됩니다.

아직 경제적인 안정을 이루지 못해 고민하는 당신이라면 반드시 행복을 이루기 위한 것 중에 돈은 빼놓을 수가 없다는 것을 가슴에 새기고, 생활하는데 불편함을 겪지 않도록 필요한 돈을 벌기 위해 꾸준한 노력을 기울여야 합니다.

산업화가 시작되던 시기에는 일자리가 많이 창출되어서 마음만 먹으면 취직할 자리가 많았고, 또한 그 자리에서 열심히 일만 하면 얼마든지 돈을 벌 수가 있었습니다. 하지만 요즘은 열심히만 한다고 해서 돈을 벌 수 있는 세상이 아닙니다. 경쟁자가 많아지고, 정보가 넘쳐나기에 경쟁에서 이기지 않으면 살아남기 힘든 세상이 되었습니다. 어제까지만 해도 장사가 잘 되던 사람도 오늘 갑자기 근처에 들어선 가게와 경쟁을 해야 해서 노심초사해야 하는 상황입니다. 끊임없이 필요한 경제력을 유지하기 위해 노력해야 하는 것이 현실입니다. 그렇다면 필요한 경제력을 꾸준히 갖추기 위해 어떤 노력을 기울여야 할까요?

저는 첫째로 세상은 혼자서 살아가는 곳이 아니기에 누군가와 협력하며 다 함께 성장하는 방법을 모색해야 한다고 생각합니다.

돈을 번다는 것은 상대의 주머니에 있는 돈을 내 주머니로 옮겨오는 행위입니다. 돈을 벌겠다고 상대를 위협하거나 몰래 훔쳐오면 범죄자가 되는 것이고, 내가 갖고 있는 것을 상대에게 제공해서 상대가 스스로 내게 돈을 지불하게 하면 비즈니스로 성공한 사람이 되는 것입니다. 따라서 우리는 언제나 비즈니스를 잘 해서 상대가 나를 위해 돈을 지불할 수 있도록 나만의 상품을 갖춰야 합니다. 사람들이 원하는 것이 무엇인지 알아서 그들이 원하는 것을 충족시켜주며, 그들이 스스로 주머니를 열어 내게 돈을 내밀 수 있도록 해야 한다는 것입니다.

이것은 곧 돈을 벌기 위해서라도 그 어느 때보다 대인관계를 잘 맺어야 하고, 자신만의 상품을 제공해서 상대가 그것을 구매하기 위해 스스로 지갑을 열게 만드는 방법을 찾아야 한다는 것을 의미합니다.

사람은 누구나 자신에게 필요한 것을 구매하기 위해 지갑을 엽니다. 그것이 음식이나 물건일 수도 있고, 눈에 보이지 않는 서비스일 수도 있고, 지적 욕구를 충족시켜주는 지식일 수도 있습니다.

우리는 돈을 벌기 위해서 사람들이 좋아할 상품을 끊임없이 제공할 수 있어야 합니다. 내가 음식이나 물건을 상품으로 취급한다면 그 분야에서 가장 좋은 상품으로 만들어야 하고, 서비스를 상품으로 취급한다면 상대가 만족할 수 있도록 최고의 서비스를 제공해야 하고, 지식을 상품으로 취급하는 강사나 선생님이라면 수강생들에게 사랑을 받을 수 있는 최고의 강의 콘텐츠를 갖춰야 합니다.

또한 부자가 된다는 것은 재산을 증식한다는 말에 다른 표현이기도 하다는 것을 분명히 알아야 합니다. 이것은 다른 사람의 주머니에 있는 돈을 내 것으로 가져오는 것뿐만 아니라 내 주머니에 있는 돈을 잘 관리해서 헛되게 나가지 않게 관리한다는 말이기도 합니다.

그렇다면 재산을 증식하기 위해서 우리는 어떻게 해야 할까요?

제 주변에는 경제력이 풍부한 부자들이 많습니다. 그들을 잘 살펴보면 공통점이 있습니다.

그들은 먼저 정보에 빠르게 반응하고 세상의 흐름을 잘 읽어나갑니다. 재산을 증식하기 위해 나에게 유리한 정보들을 잘 파악하고 수집해 나갑니다. 자신의 주머니의 돈을 채워줄 사람들의 마음을 얻는 방법을 잘 알고, 그것을 그대로 실천하고 있습니다. 아울러 그들은 돈을 버는 것도 중요하게 여기지만, '돈을 잘 증식해나가는 것'과 '돈을 잘 쓰는 것'을 잘 알고 그 방법을 능숙하게 실천하고 있습니다.

돈을 벌려면 무엇보다 먼저 돈의 가치를 중요하게 여

겨야 합니다. 돈도 인격이 있다고 생각해야 합니다. 돈은 자기를 좋아하는 사람에게 찾아오기 마련입니다. 사람이 아닌 돈에 어떻게 인격이 있냐고 따지지 말고, 돈을 다루는 상대와 나의 인격에 따라 돈이 인격을 갖춰 내게 다가선다는 것을 알아야 합니다.

사람은 누구나 자기를 예뻐하는 사람을 더 자주 찾기 마련입니다. 마찬가지로 돈도 사람처럼 자기를 예뻐하는 사람을 더 자주 찾는다고 생각해야 합니다. 돈을 소중히 여기고, 누구보다 내게 돈을 안겨주는 사람들에 대해서 예쁜 마음으로 대할 줄 알아야 합니다.

"내 취미는 돈을 모으는 거야."

늘 이렇게 말하는 동생이 있습니다. 처음에는 이 말을 듣고 피식 웃었지만, 이 말을 들은 후 오랫동안 뇌리에 남았습니다.

그때부터 그가 하는 행동을 살펴보니 그는 끝없이 돈을 증식할 방법을 찾고 여기저기 투자를 하고 있었습니다.

처음에는 소액으로 시작해서 지금은 많은 경험을 바탕으로 든든한 경제력을 갖추어 가고 있습니다.

그는 자신있게 말합니다. 자신이 돈 버는 것을 취미로 삼은 후부터 관심사를 그쪽으로 두었기 때문에 돈 버는 방법을 알아가기 시작했고, 그리고 마침내 돈을 벌기 시작했다고 말입니다.

그는 돈을 버는 것 못지않게 잘 관리하는 것을 중요하게 여깁니다. 그래서 먼저 자산을 증식하는 목표설정을 분명히 하고, 어떻게 돈을 벌고, 어떻게 잘 관리해 나갈 것인가를 항상 염두에 두고 행동합니다.

"돈은 벌고 싶은데…."

이렇게 말끝을 흐리는 사람은 결코 돈을 벌 수 없습니다. 돈에 대한 욕심만 붙어 있기에 오히려 돈이 벌리기 전까지는 불행해질 수밖에 없고, 그 불행 때문에 끝까지 돈을 벌 수 없는 자리에 들어서게 되는 것입니다. 돈을 벌려면 돈 버는 방법을 찾아 계속 실천해 나가야 합니다.

그렇다고 돈을 버는 것에만 목적을 두어서는 안 됩니다. 돈을 버는 것은 어디까지나 인생의 궁극적인 목적인 행복을 이루기 위한 단계별 목표로 삼아야 합니다. 어느 순간, 인생의 궁극적인 목적인 행복추구를 잊어버리고, 돈 버는 목표를 목적으로 착각해서 빠져 들었다가는 돈을 벌기도 힘들지만, 설사 그렇게 돈을 벌게 된다 해도 그 돈 때문에 불행으로 빠지는 잘못을 저지를 수 있습니다.

경제력을 갖춘 동생은 사람들에게 참 잘 베풀며 삽니다. 그에게 돈을 버는 것은 행복이라는 인생의 목적을 달성하기 위한 단계별 목표에 불과할 뿐입니다.

그는 인생의 궁극적인 목적은 행복이라는 것을 알기에 그것을 이루기 위한 목표에 불과한 돈을 벌 때마다 행복하게 쓸 줄 압니다. 사람들에게 밥을 잘 사서 기쁘게 해 줄 줄 알고, 사람들이 원하는 것이 무엇인지 알아 그것을 충족시켜주면서, 그런 일들로 자신의 행복을 키워나갈 줄 압니다.

"저는 소중한 사람들과 맛있는 음식을 먹으며 대화할 때가 가장 행복하고 감사합니다."

그는 스스럼없이 이렇게 말하면서 주변 사람들을 행복하게 해주고 있습니다.

지금 돈 때문에 행복하지 않다면 먼저 돈을 버는 일에 집중해야 합니다. 당장 발등에 떨어진 불을 끄기 위해서라도 생활 전선에 나서야 합니다. 그러지 않고 현실과 부모를 탓한다면 돈 때문에 행복하지 않은 삶의 악순환을 끊을 방법이 없습니다.

지금 행복하지 않은 이유가 돈 때문이라면 먼저 모든 것을 내려놓고 돈을 벌고, 쓰고, 관리하는 일에 먼저 집중해 볼 필요가 있습니다. 행복은 필요한 경제력을 갖춰야 딸 수 있는 열매입니다.

TIP

필요한 경제력을 갖춰라

1. 돈이 행복에 끼치는 영향력이 크다는 것을 분명히 인식한다
2. 사람들이 원하는 것을 충족시켜주어 그들이 스스로 주머니를 열게 하는 방법을 익혀나간다
3. 구체적인 계획을 세워 돈을 잘 관리해 나간다

05 나를 필요로 하는 경험을 축적하라

세상에는 나를 필요로 하는 사람들이 많다는 것을 확인하는 것만으로도 우리는 충분히 행복할 수 있습니다. 그렇다면 어떻게 나를 필요로 하는 사람이 많다는 것을 확인할 수 있을까요?

성공한 사람들은 나눔을 실천하고 있습니다. 여기서 말하는 성공한 사람이란 돈과 명예만 얻은 사람이 아닙니다. 돈과 명예는 남들에게 좀 미치지 못해도 자신을 필요로 하는 사람들에게 자신이 줄 수 있는 것을 아낌없이 나누는 이들입니다. 이들은 언제 봐도 행복한 표정입니다.

"Gift Giver! 선물을 주는 사람!"

저는 늘 이런 삶을 살고자 노력합니다. 제가 가진 물질이나 재능으로 누군가를 도울 수 있다면 이것보다 더 행복한 일도 없을 겁니다.

저는 직업 자체가 누군가를 기쁘게 해 주며 삶을 살아야 합니다. 제가 속해 있는 단체에서는 정기적으로 어르신들을 위한 봉사활동을 꾸준히 하고 있습니다.

재능을 최대한 활용해서 사회도 보고, 노래도 불러 드리고, 따라 하기 쉬운 동작도 함께 하면서 기쁨을 나누고 있습니다. 따뜻한 한 끼 식사도 잊지 않고 나눠드리면서 행복을 추구하고 있습니다.

우리가 주는 것을 받고 기뻐하시며 “고맙다!”는 소리를 연신 해주시는 어르신들의 모습을 뵐 때면 제 마음은 더 기쁘고 한없이 행복함을 느낍니다. 이런 행복은 그 무엇으로도 바꿀 수 없습니다.

지금 이 순간에도 어딘가에서 묵묵히 봉사하는 선하고 아름다운 사람들은 어디에서나 다 이런 행복을 누리고 있습니다.

겨울에 중학생 아들과 독거 어르신들을 위한 연탄 봉사를 하러 간 적이 있습니다. 저는 아들에게 물어보았습니다.

"아들! 친구들과의 약속도 중요한데, 오늘은 엄마랑 할머니, 할아버지를 돕는 일을 하러 가면 더 좋을 것 같은데? 어떻게 생각해?"

"알겠어요."

아이는 잠시 생각하더니 선뜻 대답했습니다.

그때까지 연탄을 들어보지 못했던 우리는 연탄을 드는 순간, 연탄 무게가 생각보다 무거워서 긴장하기 시작했습니다.

"절대 떨어뜨리면 안 된다."

우리는 이렇게 말하며 연탄을 날랐습니다. 한 집 한 집 연탄을 날랐고, 그 연탄들이 창고에 쌓인 걸 보니 그렇게 기분이 좋을 수가 없었습니다.

우리 마음을 더욱 좋게 한 것은 우리를 보고 행복해하시며 연신 감사하다는 말을 해 주시는 어르신들을 대했을 때입니다.

그 날 일을 다 마치고 아들에게 물었습니다.

“아들, 오늘 어땠어?”
“참 좋았어요!”

아들은 환하게 미소를 지으며 말했습니다. 그 순간 저는 아들의 미소와 짧은 대답 속에 담긴 의미를 느낄 수 있었습니다. 아이도 처음에는 힘들어 했지만, 자신이 한 일이 누군가에게 기쁨을 주었다는 것이 얼마나 기쁜 일인지 오롯이 느끼고, 그것을 온몸으로 표현하고 있었습니다.

저는 어린 시절부터 다른 사람들을 도우는 것이 행복하다는 것을 느끼는 모습을 가까이에서 보며 자랐습니다. 모 기관의 장이었던 아버지는 오지에 살고 계시는 분들을 찾아가서서 손수 전기가 들어오게 해 주었고, 지역의 불우한 청소년들에게 해마다 크리스마스가 되면 따뜻한 선물도 해 주었습니다. 연로하신 어르신들을 돕는 일도 꾸준히 하고 계셨습니다.

하루도 빠지지 않고 새벽마다 운동을 다니시는 아버지는 집에 오실 때마다 빈손으로 들어오신 적이 거의 없었습니다. 양손에는 산에서 난 각종 나물이며 야채들이 항상 들려 있었습니다. 어머니는 매번 그 양이 너무 많아서 잔소리하셨고, 그때마다 아버지는 웃으며 대꾸하곤 하셨습니다.

"어르신들이 파니까 안타까워서 다 사오는 거야."

어머니는 아버지의 마음을 알기에 나중에는 더 이상 아무 말씀도 하지 않고, 다 받아 주셨을 정도입니다.

세상에 돈을 들이지 않고도 베풀 수 있는 일은 정말 많습니다. 일상에서 조금만 더 상대를 배려하면 얼마든지 베풀며 살 수 있습니다. 베풀며 살다 보면 그 행위로 인해 내가 세상에 정말로 필요한 존재라는 것을 확인해 나갈 수 있어서 스스로 행복감을 충족시켜나갈 수 있습니다.

아침에 신도림역에서 신창행 만원 전철을 탄 적이 있습니다. 두 정거장쯤 지나갔을 때 제가 서 있던 위치에서 감사하게도 자리 하나가 났습니다. 저는 얼른 앉았습니다. 그런데 잠시 뒤 허리가 구부정한 어르신이 한 분 내 앞에 섰습니다. 저는 기꺼이 자리를 양보했습니다. 제가 일어서자 어르신은 "고맙다!"는 말을 연신 하셨고, 저는 미소지으며 "괜찮습니다."라고 했습니다.

그 모습을 본 제 옆에 중년의 인상 좋으신 여자분이 손을 내미시며 껌 하나를 건네주었습니다.

정말 별일 아닐 수 있지만 저는 그 날 기분이 좋았습니다. 누군가를 위해 자리 하나를 양보했을 뿐인데, 그 모습을 지켜보신 분께 최고의 선물을 받은 것입니다. 흔히 있는 일은 아니지만, 그 날 있었던 일은 지금도 생각만 하면 큰 기쁨을 안겨주곤 합니다.

저는 머지않아 실행에 옮길 목표가 하나 있습니다. 전국에 있는 노인시설을 찾아다니며 웃음과 노래로 행복을 전해드리고 돌아올 때 마음이 담긴 봉투도 건네 드리는 일을 하고 싶습니다.

대한민국 여행도 하고 선행도 하는 그런 행복하고 가치 있는 삶을 살고자 하는 것이 제 당면 목표입니다.

여러분도 뜻이 있다면 얼마든지 동참해 주시기를 바랍니다. 혼자 하는 것보다 여럿이 하는 것이 더욱 가치있고 의미있게 다가올 수 있기 때문입니다. 기쁨을 함께 나누는 마음으로 일상에서 베푸는 삶을 실천하고자 하는 이들이 많은 관심을 가져주길 바랍니다.

인생이 주는 최고의 선물은
가치 있는 일을 열심히 할 수 있는 기회이다.
- 루즈벨트

TIP

나를 필요로 하는 경험을 축적하라

1. 일상에서 베푸는 삶을 추구한다
2. 봉사활동에 적극적으로 참여한다
3. 항상 가치 있는 삶을 추구한다

생각 정리

gaM3

Motivation으로 감을 키워라

01 성취동기를 분명히 하라

1. 음식을 먹고자 하는 욕망
2. 성욕을 충족시키려는 욕망
3. 물질을 챙기려는 욕망
4. 명예를 얻고자 하는 욕망
5. 수면을 취하고자 하는 욕망

사람들이 평생 끊기 어려운 욕망이라고 합니다. 모든 사람이 이 다섯 가지 욕망에서 벗어나기 힘들다고 하지만, 사람들은 기질이나 생긴 것이 다르듯이 이 다섯 가지 욕망 중에도 유독 강한 욕구를 가진 것이 사람마다 각각 다르다고 합니다.

이것은 곧 사람들이 세상을 살아가면서 각자 추구하는

바가 다른 것으로 나타나기도 합니다. 즉 이 다섯 가지 중에 하나가 사람이 무슨 직업을 선택하느냐에 강한 동기부여로 작용하기도 합니다.

음식에 대한 욕구가 강한 사람은 음식을 다루는 직업을 갖게 될 확률이 높고, 성욕을 충족시키려는 욕망이 강한 사람은 유흥업에 종사할 확률이 높고, 물질에 대한 욕망이 강한 사람은 사업이나 장사에 종사할 확률이 높고, 명예욕이 강한 사람은 정치인이나 예술가에 종사할 확률이 높고, 수면욕이 강한 사람은 잠을 충족시켜 주는 프리랜서와 같은 직업을 가질 확률이 높다고 합니다. 같은 직업에 종사해도 어떤 사람은 돈에 더 집착하고, 어떤 사람은 명예에 집착하는 것도 다 이런 이유가 있기 때문입니다.

인간의 기질이 타고난 것이라면 자신이 어느 욕구가 강한 사람인지 아는 것은 매우 중요한 일입니다. 자신에게 강한 욕구를 분명히 알고, 그것을 좋은 쪽으로 해결하기 위해 풀어나가는 것은 매우 중요한 일이기 때문입니다.

그런데 이 기질을 아는 것은 매우 어렵습니다. 심리학 공부도 해야 하고, 전문가에게 상담을 해서 코칭을 받기도 해야 합니다. 확실한 동기부여를 위해 이런 공부를 계속 해나간다면 더 이상 바랄 것이 없지만, 형편이 여의치 않더라도 이것은 어쩌면 앞으로 쉬지 않고 공부해야 하는 인간의 숙명인지도 모릅니다.

저는 여기에서 기질의 차이에 따라 동기부여도 각기 다를 수 있다는 것을 알고, 그런 것이 삶에 미치는 영향이 있다는 것을 인식하고, 이런 것을 잘 활용해서 좀 더 행복한 삶을 살기 위한 방법을 추구할 수 있다는 것을 아는 것으로 만족해도 좋다고 보기에 기질에 대해서는 더 깊이 들어가지 않을 예정입니다. 이런 것은 심리상담 전문가들에게 배우는 것이 더 확실하다고 보기 때문입니다.

인간의 욕구를 의지로 풀어나갈 수 있는 방법론을 제시하는 이론이 있습니다. 매슬로우의 '인간의 5단계 욕구이론'이 그것입니다.

미국의 심리학자인 매슬로우는 인도주의 운동 형성에 큰 영향을 끼친 학자입니다. 그는 개인의 성장을 위해 힘쓰는 인간의 핵심 부분인 '진실한 자아'의 애정 어린 보살핌을 주장했습니다. 그래서 환자를 대할 때 병리학 관점을 남용하는 주류 심리학자들을 비판하면서 자신만의 학설을 제시했습니다.

그런 과정에서 인간은 욕구를 충족시키는 과정에도 단계를 거친다는 것을 이론으로 정립했습니다. 그는 인간은 어떤 목표를 이뤄갈 때마다 인간의 욕구, 즉 살아가면서 성취감을 느끼는 것이 단계별로 이뤄진다고 봤습니다.

그의 '5단계 욕구이론'은 다음과 같습니다.

첫째, 먹고 살기 위해 기본적으로 충족해야 할 생리적 욕구

둘째, 편안하게 살고 싶어하는 안전 욕구

셋째, 사회에 소속감을 갖고 사랑받고 싶어하는 욕구

넷째, 사람들에게 명예를 얻고 싶어하는 존중 욕구

다섯째, 자아실현을 위한 욕구

당신은 지금 어떤 욕구를 위해 살아가고 있는가요? 먹고 사는 문제에 집착하면 첫째 단계를 사는 것이고, 먹고 사는 문제는 해결이 되어서 이제 안정을 취하고 싶어 한다면 둘째 단계입니다. 이 단계가 해결이 되면 우리는 비로소 사회인으로서 공동체적인 삶을 추구하게 됩니다. 소속감을 느끼고, 명예를 챙기게 되고, 자아실현을 행복의 최고 조건으로 여기며 사는 길에 들어서게 되는 것입니다.

지금 당신이 하는 일은 무엇인가요? 먼저 그 일을 생각하면서 내가 이 일을 통해서 얻고자 하는 것이 무엇인지 생각해 봅니다.

단순히 먹고 살기 위해 하는 일이라면 진지하게 고민해야 합니다. 5단계 욕구인 자아실현을 위해서는 가야 할 길이 멀기 때문입니다. 먹고 사는 문제가 해결되지 않는 이상 항상 괴로움에 시달릴 수 있습니다.

하지만 역으로 그 일을 통해 자아실현을 성취하고자 한다면 어떻게 될까요? 같은 장사를 해도 어떤 사람은 생리적 욕구를 충족시키기 위해 하는 사람이 있는가 하면, 어떤 사람은 그 일을 통해 자아실현을 추구하기 위해 하는 사람이 있습니다. 생리적 욕구를 충족시키기 위해 일하는 사람은 오로지 일만 하지만, 자아실현을 위해 일하는 사람은 그것을 통해 사회봉사도 하면서 명예도 추구하고, 소속감과 안정을 추구하면서 생존의 욕구는 기본적으로 충족시켜 나갑니다. 똑같은 일을 하더라도 내가 어떤 욕구를 충족시키기 위해 일을 하느냐에 따라 그 사람이 느끼는 성취감, 즉 행복의 강도가 완전히 다르게 나타나는 것입니다.

이것은 제가 주장하는 목표의 단계별 상향설정과 같다고 볼 수 있습니다. 인간의 궁극적인 목적(Goal)인 행복을 위해, 단계별로 목표를 이뤄가야 한다는 것은 매슬로우가 인간이 최고의 행복을 느끼려면 마지막으로 자아실현을 위한 5단계의 목표를 실현해야 한다고 보는 것과 같은 맥락입니다.

당신은 어떻게 생각하나요?

저는 이것이 맞다고 보기에, 그렇다면 애초부터 일을 선택할 때 '자아실현을 위한 목표를 우선으로 세운다면 어떨까?'라고 생각합니다. 즉 무슨 일을 할 때 그 가치를 자아실현에 둔다면, 얼마나 좋겠냐는 것이지요.

우리는 무슨 일을 하기 전에 먼저 성취동기를 분명히 할 필요가 있습니다. 내가 이 일을 통해서 얻고자 하는 것이 무엇인가요?

단순히 먹고 살기 위한 것에 성취동기를 둔다면, 그것을 이루기 전에는 다음 단계로 넘어가기가 힘듭니다. 하지만 역으로 자아실현을 위한 것에 성취동기를 둔다면 어떤 일을 하더라도 다 자아실현을 이루기 위해 하는 일이기에 즐겁게 할 수가 있습니다.

저는 강사라는 직업을 정말 사랑합니다. 사람들 앞에서서 강의하는 그 순간이 가장 행복합니다. 학생시절부터 꾸었던 꿈이기에 그 꿈을 이룬 지금의 내 모습에 더할 나위 없이 행복을 느낍니다. 강연장에서 무엇인가를 전하는 사람이지만, 오히려 많은 사람들을 통해 얻는 배움과 기쁨이 훨씬 더 많음을 매번 느끼기 때문입니다. 저를 바라봐주는 눈동자 속에서, 행복하게 웃음짓는 표정 속에서, 눈물 흘리는 감동 속에서, 끝나고 난 후에 감사하다고 말해주는 언어 속에서….

물론 강의는 돈을 벌기 위한 직업으로 하는 일이 틀림없습니다. 그런데 어느 순간부터 저를 바라봐주는 많은 분들의 행복함 덕분에 제가 더 큰 만족감과 행복감을 느낀다는 것을 알게 되었고, 그렇게 즐겁게 일을 하다 보니 돈이 따라오는 길을 걷고 있습니다.

저는 강의나 행사 의뢰가 들어오면 강사료에 대해서 잘 묻지 않습니다. 어차피 갈 거고 정해진 거라면 묻지 않아도 될 일이고, 한 번의 인연이 또 어떤 인연으로 이어질지를 잘 알기에 의뢰가 들어오는 순간에는 감사함으로 받아들일 뿐입니다. 그리고 현장에서는 정말 다시는 오지 않을 것처럼 최선을 다합니다. 그랬더니 너무도 감사하게도 그곳에서 또 연락을 주고, 다른 곳으로도 연결시켜 주었습니다.

저는 설 수 있는 강연장이 있다는 것에 정말 감사합니다. 저를 통해 단 한 분이라도 웃음이라는 것으로 행복을 느끼고 기뻐한다면 그것만으로도 정말 행복하게 받아들입니다.

"저도 박경선 강사님처럼 되고 싶어요."

강의 끝난 후에 이런 말을 들을 때의 기쁨은 그 어떤 말로도 표현할 수가 없습니다. 자아실현의 성취감을 맛보는 느낌이라고 할까요?

어느 날 모 초등학교에 학부모 특강을 다녀왔습니다. 2시간 내내 웃음꽃 활짝 피우며 행복한 소통의 시간을 보내고 감사의 인사를 드리고 나왔습니다. 교문 앞을 나오려 하는데 학부모인 한 어머니가 다가오시더니 말했습니다.

"제 아이도 강사님과 같은 직업을 가졌으면 좋겠습니다. 오늘 정말 많이 웃고 좋았습니다.

그러면서 저에게 명함을 달라고 했습니다. 강사로서 "이보다 좋을 순 없다!"라는 말은 이럴 때 쓰는 말일 것만 같았습니다.

저는 20대 때부터 강사의 길에 들어섰습니다. 무슨 일이든지 처음부터 잘하는 사람은 없습니다. 저 또한 실패의 경험도 있었고, 최선을 다해 열강을 했는데 반응이 없는 냉담함 분위기도 겪어 보았습니다. 그런 시행착오들이 저를 더 성장시켰습니다. 그때마다 저는 끝없이 노력해야 함을 느끼곤 했습니다. 그때 확실히 결심한 것 중에 하나가 너무 돈에 얽매이지 말자는 것이었습니다. 정말로 내가 필요로 하는 자리에 서서 행복한 일을 하자는 각오를 다지면서 저의 행보가 크게 달라짐을 경험했습니다.

누군가에게 선한 영향력을 펼치는 이 일을 저는 정말

사랑합니다. 지금도 현장에서 자주 이야기하지만 100세가 되어도 찢어진 청바지에 멋진 자켓을 입고 전국을 돌아다니며 많은 사람들 앞에 서고 싶습니다. 그래서 그 나이가 되어도 자기 일을 사랑하며 멋지게 살아가는 사람이 있다는 것을 보여주고 싶습니다. 지금 이 순간에도 그때를 상상하며 글을 쓰니 미소가 절로 지어집니다.

당신은 일을 하면서 어느 때 가장 큰 기쁨을 느끼나요? 어떨 때 가장 큰 성취감을 느끼나요?

어떤 분은 아무리 힘들어도 하루 동안 벌어들인 돈을 셀 때가 가장 행복하다고 합니다. 그 분에게는 돈이 확실한 성취동기일 수 있습니다.

"돈이 가장 중요한 것 아닌가요?"

이렇게 반문하는 사람도 있습니다. 세상에 돈을 싫어하는 사람은 없겠죠. 자본주의 사회에서 생의 기본적인 욕구를 충족시키기 위해서는 돈이 절대적으로 필요하다는 것을 부인할 수는 없습니다. 하지만 돈이 아무리 중요해도 돈을 버는 것으로 성취동기를 얻는다면, 그 이후에 일은 아무도 장담할 수가 없습니다. 자칫 돈이 많아서, 돈 때문에 싸우고, 서로 미워하는 괴로움을 겪는 사람들의 불행을 고스란히 끌어안을 수 있기 때문입니다.

하지만 이때도 돈을 버는 것은 당연한 일이고, 돈을 다 번 다음에 내가 이 돈으로 무엇을 하며 살 것인가를 염두에 둔다면, 궁극적인 성취동기는 자아실현을 위한 길, 즉 어떠한 순간에도 행복을 챙기는 최선의 선택을 할 수 있습니다. 그래서 저는 최고의 성취동기로 매 순간 자아실현을 챙기는 것이 중요하다고 생각합니다.

매슬로우의 '5단계 인간욕구'의 완성은 결국 자아실현의 욕구를 충족하는 길입니다. 그러니 지금 당장 자아실현을 위한 욕구를 충족시키기 위한 노력을 기울이면 어떨까요?

돈을 벌더라도 부의 축적에 목적을 두는 것이 아니라 그것은 어디까지나 행복이라는 인생의 궁극적인 목적인 행복을 이루기 위한 단계라는 것을 염두에 두고, 지금부터 아예 자아실현의 욕구를 충족시키는 것을 행복의 조건으로 삼으면 어떻겠냐는 것이지요.

자아실현의 욕구가 분명한 사람은 어느 순간에도 행복을 놓치지 않습니다. 지금 하는 일이 아무리 힘들더라도 그 속에서 자아실현의 욕구를 충족시켜가며 행복한 삶을 살고 있습니다. 그리고 이런 마음가짐으로 일하는 사람이 실제로 돈도 더 많이 벌고 있습니다.

인생의 성취동기는 행복입니다. 매슬로우의 말을 빌리면 자아실현이 최고의 행복을 이루는 길입니다. 인생의 성취동기를 분명히 한다면 매 순간, 어느 일을 하더라도 자아실현을 위한 길이 아닐 수 없습니다.

따라서 저는 매 순간 내 인생의 성취동기는 자아실현이고, 자아실현을 완성할 때 인생의 목적인 행복감이 제일 크다는 것을 챙기며 사는 것이 매우 중요하다고 생각합니다. 매 순간 무슨 일을 하든 '자아실현 욕구'를 성취동기로 삼는다면 그 어떤 일도 행복하지 않을 것이 없을 것이기 때문입니다.

TIP

성취동기를 분명히 하라

1. 사람마다 성취동기가 다를 수 있음을 인정한다
2. 기질에 따라 욕구의 방향이 다를 수 있음을 알고, 어느 순간에도 삶의 궁극적인 목적인 행복을 놓치지 않기 위해 노력한다
3. 지금 당장 자아실현의 욕구를 최고의 성취동기로 삼는다

02 웃음과 유머로 긍정의 동기부여를 하라

자기 자신을 사랑할 줄 아는 사람이 남을 사랑할 줄 압니다. 이것을 모르는 이는 거의 없습니다. 우리 주변에는 자기 자신을 사랑하지 못하는 이들이 많은데, 이들은 의외로 한결같이 착한 사람들이 더 많습니다. 무슨 문제가 생기면 자신부터 탓하는 이들이 거의 여기에 속합니다.

"내탓이요!"

세상을 살면서 무슨 일이 생길 때 문제의 원인으로 남을 탓하지 하고, 자신에게서 찾는 것은 중요한 일입니다. 오죽하면 사회적으로 "내 탓이요!"라는 캠페인이 벌어졌을 정도였겠습니까?

하지만 “내 탓이요!”도 너무 지나치면 문제가 생깁니다. 때로는 자신감을 갖고 주변을 돌아볼 필요가 있습니다. 지나치게 “내탓이요!”만 하다 보면 주변을 의식해서 사고와 활동에 위축이 될 수 있습니다.

주변에서 보기에는 당사자는 분명히 최선을 다했고, 자신감만 갖고 밀어붙이면 되는데 남의 평가를 두려워해서 더 이상 앞으로 나가지 못하고 주저앉는 경우를 볼 때는 안쓰럽기만 합니다.

이런 사람은 얼른 자신을 돌아보고 지나친 겸손과 지나치게 착함이 매사에 자신을 위축 들게 만든다는 것을 알아야 합니다.

우리는 자기 자신을 소중히 여기는 사람을 자존감이 높다고 합니다. 자존감이 높은 사람은 상처에서 벗어나는 회복탄력성도 높습니다. 이런 사람들은 누가 뭐라고 잘못을 지적해주면 보태라는 소리로 듣고 얼른 받아들여 자기 발전의 동력으로 활용합니다. 그만큼 대인관계도 좋을 수밖에 없습니다.

"얼굴이 그게 뭐니?."

자존감이 높은 사람은 누가 이렇게 말하면 나에게 관심과 애정이 많다고 생각하고 얼른 고맙다고 받아들입니다. 조언을 해주지 않았으면 더 많은 사람에게 망신을 당할 것이 뻔한데 이렇게 알려줘서 고맙다고 생각하는 것입니다. 이처럼 자존감이 높은 사람은 누가 잘못을 지적해주면 얼른 보태라는 소리로 받아들여 자신의 부족한 부분을 얼른 긍정적으로 채워갑니다.

하지만 자존감이 낮은 사람은 어떤가요? 누가 좋은 것을 줘도 잘 받지 못합니다. 남에게 받는 것을 자존심 상하는 일로 생각하는 경우가 많습니다. 이런 사람은 남에게 줄 줄도 모릅니다. 남이 주는 것을 잘 받지 못하다 보니 남에게 주는 것에도 서툴러 인색한 삶을 살게 되는 것입니다.

"얼굴이 그게 뭐니?."

자존감이 낮은 사람은 누가 이렇게 말하면 괜히 얼굴을 붉히며 불쾌해 합니다. 상대가 자신을 깎아내리며 비웃기라도 한 것처럼, 혹은 자신이 무슨 진짜로 큰 잘못이라도 한 것인 양 생각하고 주눅이 들어서 그렇게 말해준 사람을 민망하게 만들기도 합니다.

자존감이 낮은 사람은 누가 부족한 것을 보태주려고 해도 받을 줄 모릅니다. 모든 것을 자신에 대한 평가로 받아들이기에 귀에 듣기 좋은 소리가 아니면 기분 나빠할 이유만 있습니다. 그러다 보면 자신의 부족한 부분을 조언해주는 사람이 곁에 없어지게 됩니다. 낮은 자존감에서 스스로 벗어나려고 노력하지 않으면 결코 개선될 일도 없어지게 되는 것입니다.

당신은 어디에 속하는가요?

누가 뭐라고 쓴소리를 해줄 때 "너 이것만 보태면 더 잘할 거야."라는 소리로 들리는가요? 아니면 "너 그것 잘못했어!"라는 소리로 들리는가요?

물론 상대가 어떤 상황에서 그런 말을 했느냐에 따라 정말 기분 나쁜 소리일 수도 있지만, 그 상황에서까지 보태라는 소리로 들을 수 있다면 이 사람은 정말로 자존감이 높은 사람입니다. 누가 뭐라고 해도 화날 이유보다는 자신의 부족한 것을 채워나가는 방법을 찾는 사람입니다.

이런 사람은 상대가 아무리 기분 나쁘게 들으라고 한 소리라도 얼른 그 말로 자신의 부족한 부분을 채워나가는 긍정적인 소리로 받아들이기에 그만큼 주변에 조언을 해주는 좋은 사람들이 많이 모이기 마련입니다.

행복은 자존감에 비례합니다. 행복한 사람은 자존감이 높고, 자존감이 높은 사람은 행복지수도 높습니다. 누구보다 자기 자신을 사랑하기 때문에 자아실현의 욕구가 강하게 나타나고, 그로 인해 행복감도 더욱 높게 나타납니다. 따라서 우리는 행복하고 싶다면 먼저 자기 자신을 사랑하는 자존감부터 높여야 합니다.

그렇다면 어떻게 자존감을 높일 수 있을까요?

자존감을 높이기 위해서는 무엇보다 먼저 자기 최면이

필요합니다. 어떠한 경우에도 자신을 사랑한다는 자기 최면을 걸 필요가 있습니다.

나는 나를 사랑해
나는 나를 사랑해
나는 나를 사랑해
말도 못하게 사랑해

제가 저를 사랑하기 위해, 저의 자존감을 높이기 위해 매일 부르는 '자기애(self-love) 송송송'입니다.

당신도 지금 당장 따라해 보시기 바랍니다.

매일 아침마다, 틈틈이 시간이 날 때마다 이 노래를 흥얼거리다 보면 자신도 모르게 자신의 장점을 보기 시작할 것입니다. 자신도 모르는 사이에 저절로 자존감도 높아지는 것이지요.

그 다음에 자존감을 높이기 위해서는 자신만의 기분을

'업!'하는 비법을 갖고 있어야 합니다.

저는 그 비법으로 웃는 표정짓기를 활용하고 있습니다. 저도 모르게 기분이 다운될 때는 일부러 표정을 바꿔보는 것입니다. 억지로라도 입꼬리를 올리고 그냥 미소짓고 "하하하!" 소리를 내며 웃어보는 것입니다.

지금 당장 한번 해보시기 바랍니다. 먼저 양쪽 입꼬리를 위로 올리고, 최대한 소리낼 수 있는 호탕한 소리로 웃어보는 것입니다. 이렇게!

"하. 하하. 하하하. 하하하하. 하하하하하!"

지금 바로 따라 하다 보면 당신의 입꼬리도 이미 올라가 있을 것입니다. 그 표정을 유지하며 웃다 보면 긍정적인 마인드도 저절로 생겨나기 시작합니다. 스스로 자존감이 높아가는 경험을 할 수 있습니다.

그래서 저는 늘 강조합니다. 평소에 그냥 미소짓는 표정, 웃으며 인사하는 태도와 습관을 가져보자고.

웃음은 일상에서 연습을 해봐야 합니다. 어디서건 만나

는 사람들에게 미소짓고 웃음 지으며 인사를 해봅니다.

"안녕하세요."

언제나 활기차게 먼저 인사를 해봅니다. 그러면 상대방도 기분 좋게 하지만, 내 안에 채워지는 긍정적인 에너지를 스스로 느낄 수 있습니다. 그 에너지가 나의 자존감을 한없이 높여주는 것이지요.

가게에 들릴 때도 먼저 "안녕하세요!", 버스를 탈 때도 카드를 찍으며 "안녕하세요!", 일상에서 만나는 사람에게 크게 인사를 해보는 것입니다.

인사를 하면서 상대와 나를 기쁘게 하는 그 행복을 유지하다 보면 어느 순간에 힘든 일이 올라와도 얼른 습관적으로 거기에서 벗어나기 위해 입꼬리를 올리며 저절로 미소를 짓는 자신의 모습을 보게 될 것입니다.

어느 햇살 좋은 오후였습니다. 그 날도 어김없이 일을

마치고 돌아가는 길이었습니다. 압구정 갤러리아백화점 앞 버스정류장에서 버스를 기다렸고 압구정역으로 가는 버스가 오자, 내 앞에 선 서너 사람이 버스카드를 찍고 올라탔고, 저 역시 버스에 올랐습니다. 그리고 평소처럼 기사 아저씨를 향해 웃으며 "안녕하세요!"라고 인사하며 버스카드를 찍었습니다.

잠시 뒤 버스가 압구정역 버스정류장에 도착했고, 제가 내리려고 했을 때였습니다.

"아가씨!"

그때 기사님이 저를 불렀습니다. 무슨 일이 있나 의아해서 기사님을 바라봤더니 웃으며 말했습니다.

"앞쪽으로 오세요."

그래서 기사님이 있는 앞쪽으로 갔더니 말했습니다.

"아가씨가 아까 너무 예쁘게 인사를 잘 해줘서 고마워요."

그러면서 압구정역 지하철 내려가는 계단 입구 앞에 버스를 세워주었습니다. 저는 마치 모범택시를 타고 이동한 것처럼 극진한 대우를 받았습니다. 단지 웃으며 인사를 했을 뿐인데, 대형 리무진 버스 기사를 둔 주인처럼 대접을 받은 것입니다.

지금도 햇살보다 더 환한 미소를 보이며 저에게 최고의 칭찬과 함께 호의를 베풀어주었던 그 기사님과 그 날의 행복했던 그 감정은 나를 기쁘게 합니다.

행복은 그 기분 좋은 감정을 얼마만큼 자주 만들어내고 느껴보느냐에 따라 달라집니다. 누구나 쉽게 할 수 있을 법한 인사하기, 미소짓기, 웃기, 칭찬하기 등등.

그런데 생각보다 많은 사람들이 이렇게 쉬운 일을 제대로 못 하고 있습니다. 이런 일에도 부익부 빈익빈 현상이 벌어지는 것입니다. 해봐서 좋은 경험을 한 사람은 계속하면서 좋은 경험을 쌓아가는데, 해보지 않고 좋은 경험을 해보지 못한 사람은 그것 때문에 운을 부르는 경험을 해보지 못하니까, 결국 그렇게 살게 되면서 일이 뜻대로 안된다고 팔자타령을 하게 되는 것입니다.

아주 사소한 일 같지만 웃는 표정짓기는 일상에서 틈틈

이 연습을 해봐야 합니다.

누구를 위해서요?

바로, 자기 자신을 위해서입니다.

입으로만 미소짓고, 웃는 것이 아니라 마음으로도 미소짓고 웃어보는 것입니다.

내 마음에 아주 예쁜 얼굴을 그려놓고, 얼굴이 웃을 때 마음에 있는 얼굴도 웃는다 생각하고 크게 웃어봐야 합니다.

얼굴을 성형하는 데는 돈이 들지만, 마음은 돈 안 들이고 내 맘대로 그릴 수도 있고, 얼마든지 고칠 수도 있습니다. 나 스스로가 최고의 명의가 되어 내 마음의 얼굴은 마음대로 고칠 수가 있습니다.

웃음으로 얼굴을 성형했다면, 이제 유머로 입을 성형할 필요가 있습니다. 한마디의 말로 천 냥 빚을 갚는다는 말이 있듯이 상대에게 웃음을 주는 말 한마디가 인생을 바꿀 수 있기 때문입니다. 유머는 팍팍한 삶에 웃음과 활력을 주면서 안 좋은 상황도 얼른 좋은 상황으로 바꿔주는 힘이 있습니다. 예를 들면 이런 식입니다.

우리 남편은 평소에 썰렁한 개그 일명, 아재 개그를 참 잘 합니다.

"뭐야?"

어떨 때는 이런 소리가 나올 정도로 어처구니 없는 농담을 할 때도 있습니다. 그런데 그 썰렁한 개그에 저와 아들은 어처구니 없어 하면서도 웃어주고 있습니다. 때로는 정말 웃겨서 하하하, 박장대소를 할 때도 있습니다.

남편이 중학생인 아들과 대화가 잘 되는 비결 중에 하나가 바로 그 유머를 활용하는 개그 대화 덕분이라고 생각합니다. 실제로 유머 개그가 화낼 일을 유연하게 넘겨서 소통을 원활하게 하는 경우가 많았습니다.

명절을 보내고 서울로 올라오는 차 안에서 남편과 아들이 대화하다 의견이 살짝 어긋나서 티격태격 한 적이 있었습니다. 화기애애했던 차 안은 갑자기 침묵이 흘렀고, 냉랭한 상태에서 휴게소에 도착했습니다.

"뭐 먹을래?"

아빠가 아들에게 화해를 하기 위해 먼저 말을 걸었습니다. 그러자 아직 감정이 남아 있는 아들이 퉁명스럽게 대꾸했습니다.

"아빠랑 말 안 해!"

그 순간 남편의 유머 개그가 발동했습니다.

"그럼, 말하지 말고 소 해!"

"푸하하하하하!"

순간 아들과 저는 동시에 웃음을 터트렸습니다. 저는 그 상황이 너무 웃겨서 평소보다 더 크게 웃었습니다. 그 웃음의 기운이 아들에게 고스란히 전해졌습니다. 한번 웃고 난 아들은 언제 그랬냐는 듯이 아빠와 손을 잡고 다정히 걷고 있었습니다. 아빠의 유머 개그가 아이의 마음을 금세 풀어준 것입니다.

그 날뿐만 아니라 우리는 아빠의 유머 개그 덕분에 언제나 웃음을 달고 삽니다.

"부모가 웃어야 아이도 웃는다."

"행복한 자녀는 부모가 만든다."

평소에 유머 개그를 익혀두면 작은 일에도 웃을 수 있고, 큰 힘 들이지 않고 행복한 요소를 찾아내어 행복하게 살 수 있습니다. 유머 개그야말로 나를 위해서만이 아니라 내 자녀, 내 가족 그리고 주변 사람들을 위해서라도 꼭 배워서 활용할 수 있기를 바랍니다.

행복한 몸과 마음을 갖는 것은 가장 큰 축복입니다. 몸과 마음에 축복의 통로를 열어두고 언제나 맑고 깨끗한 기류가 흐르도록 관리했으면 합니다.

관리의 비법은 아주 간단합니다. 긍정의 에너지 발산, 웃음의 전염, 나와 타인을 사랑하는 마음, 감사하는 습관, 예쁜 말 하기 등등. 누구나 마음만 먹으면 쉽게 할 수 있는 것들입니다.

내가 먼저 해보면 주변 사람들에게 좋은 영향력을 끼치기 마련입니다. 나 아닌 다른 사람에게 무언가 영향력을 발휘할 수 있습니다. 우리 모두는 누구나 마음만 먹으면 주변 사람들에게 행복을 주는 최고의 동기부여가가 될 수 있습니다.

누군가에게 긍정적인 에너지를 주는 동기부여를 해주고 싶으면 웃음과 유머로 긍정적인 삶을 꾸려야 합니다. 그래야 주변 사람들에게 언제나 긍정적인 사람으로 다가설 수 있습니다.

웃음과 유머로 일상을 즐기는 사람, 우리는 누구나 이처럼 긍정적인 에너지를 주는 사람을 좋아하지 않던가요?

내가 좋아하는 것만큼 상대도 이런 사람을 좋아한다는 것을 알고 일상에서 웃음과 유머로 긍정적인 에너지를 퍼트리는 사람이 되기 위해 노력했으면 합니다.

웃음과 유머는 내 삶을 행복으로 이끄는 최고의 동기부여이자, 주변 사람들에게 긍정적인 에너지를 퍼주는 최고의 선물입니다.

TIP

웃음과 유머로 긍정의 동기부여를 하라

1. 수시로 '자기애(self-love) 송송송'을 한다

"나는 나를 사랑해
나는 나를 사랑해
나는 나를 사랑해
말도 못 하게 사랑해."

2. 누구에게나 먼저 활기차게 인사를 한다

"안녕하세요."

3. 일상에서 웃음과 유머로 삶의 활기를 채운다

03 경청으로 맞장구를 잘 쳐줘라

사람들은 누구나 타인을 만났을 때 좋은 인상을 심어주려 노력합니다. 그런데 많은 사람들은 정작 자기 자신을 대할 때, 또는 자신과 가까이 있는 사람들을 대할 때는 좋은 인상을 주기 위해 별 노력을 기울이지 않습니다. 편하다는 이유로 나와 가장 가까이 있어서 내 삶에 가장 큰 영향을 끼치는 가족이나 이웃들을 소홀히 하는 경우가 많은데, 이것은 꼭 짚어봐야 할 문제입니다.

수신제가치국평천하(修身齊家治國平天下), 우리가 살아가면서 무엇을 우선순위로 삼아야 하는지 잘 일러주는 말입니다.

세상에서 가장 중요한 것은 나 자신입니다. 따라서 우리는 누구보다 먼저 나 자신에게 좋은 인상을 심어주기 위해 노력해야 합니다. 먼저 나 자신을 바로 세우기 위해 끊임없이 자신에게 동기부여를 해야 합니다.

자기 스스로를 인정하지 못해 자존감을 갖추지 못한 이는, 먼저 자기 자신과도 소통을 못 하는 사람은, 자신은 물론이고 그 누구에게도 동기부여를 할 수 없습니다. 내가 나를 인정하지 못하는 사람이 누구에게 좋은 영향을 끼칠 수 있을까요?

세상 사람들에게 동기부여를 하는 사람이 되려면 먼저 자신을 인정하고, 나 자신을 바로 세우기 위한 긍정적인 동기부여부터 해나가야 합니다.

그런 다음에 나와 가장 가까운 가족에게 긍정적인 에너지를 펼치는 동기부여가가 되어야 합니다. 대개 많은 사람들이 가족은 편하다는 이유로 잘 보이려 노력하지 않고 함부로 대하는 경우가 많습니다. 그냥 편한 대로 대하면서, 자신이 하고 싶은 대로 하면서 상대가 나에게 맞춰주기를 바라는 경우가 많습니다. 그러다 보니 모르는 사람하고는 좋은 모습을 보이기 위해 노력하면서 잘 지내지만,

가족과는 좋은 모습을 보이기 위한 노력이 없어서 잘 지내지 못하는 경우가 많습니다.

사회적으로는 성공한 것처럼 보이지만, 그것을 통해 궁극적으로 얻으려는 개인의 행복하고는 먼 길로 들어선 이들이 많습니다.

아무리 사회적으로 명성을 얻었더라도 가족과 행복하지 않으면 그 행복은 결코 진정한 행복이 될 수가 없습니다. 그것은 어떻게든 괴로움을 불러일으키고, 그 괴로움을 방치하다가는 사회적으로 쌓아놓은 명성도 한순간에 물거품으로 사라지는 경우가 많기 때문입니다.

생각해 보시기 바랍니다. 나와 가장 가까이 있는 내 가족과 소통하지 못하고, 가족과 사랑하지 못하면서, 가족의 행복을 이루지 못하면서, 어떻게 타인에게 좋은 동기부여가가 될 수 있을까요?

우리는 먼저 수신(修身)을 하고, 제가(齊家)를 한 다음에 비로소 세상을 향한 나래를 펼쳐야 합니다. 그것이 진정으로 인생의 궁극적인 목적인 행복을 완성해 나가는 길이기 때문입니다.

제가(齊家)를 잘 하려면 일상에서 가족의 말을 잘 들어주는 습관을 들여야 합니다. 매사에 긍정적이고 행복감을 잘 느끼는 사람들은 누군가의 이야기를 잘 들어주는 특징을 갖고 있습니다. 따라서 긍정적이고 행복한 사람이 되기 위해서는 가족에게 잘 보이고 편하게 대하려고 노력하며 먼저 가족 구성원의 말을 잘 들어주는 습관을 들여야 합니다.

이청득심(以聽得心), 듣는 것이 상대의 마음을 얻는 길입니다. 이 말은 항상 가슴에 새겨두고 가족의 말에 더욱 심혈을 기울여 듣는 습관을 들여야 합니다. .

잘 듣는 것, 즉 경청은 가족에게 엄청난 큰 힘과 용기를 주곤 합니다. 사람은 누구나 자신의 이야기를 잘 들어주는 사람이 한 명만 있어도 세상을 살아갈 용기를 갖기 마련입니다. 따라서 상대의 말을 잘 들어주는 것만으로도 상대를 행복하게 이끌어주는 최고의 동기부여가가 될 수 있다는 것을 명심하고 당장 실천할 수 있어야 합니다.

집안에서 가족끼리 경청을 잘 하는 사람은 밖에서도 경청을 잘 할 수밖에 없습니다. 집에서 새는 바가지가 나가서도 새는 것처럼 집에서 경청을 잘 하는 사람은 나가서도 경청을 잘 하기 마련입니다.

수신제가(修身齊家)를 했으면, 이제 본격적으로 평천하(平天下)를 할 차례입니다. 이것은 제가(齊家)를 제대로 한 사람이라면 크게 어렵지 않습니다. 집에서 하는 것처럼 밖에서 변함없이 하면 됩니다. 상대의 말을 경청하면서 항상 긍정적이고 행복한 마음으로 상대를 대하면 그만입니다.

어때요? 평천하(平天下), 정말 쉽지 않나요?

저에게는 낙천주의자 언니가 있습니다. 모든 일을 대수롭지 않게 생각합니다. 우리가 볼 때는 아주 큰 일도 언니에게는 '그럴 수 있지'로 끝나곤 합니다. 문제를 문제로 보지 않는 타고난 긍정적인 마음의 소유자입니다. 그래서 언니의 주변에는 늘 사람이 넘쳐납니다.

"함께 하면 늘 긍정의 에너지를 받는다."
"늘 함께하고 싶다."
"편안하다."

언니가 주변 사람들에게 많이 듣는 말입니다. 한번 인연을 맺은 사람들과는 오래 함께 일하면서 성과를 이루어 냅니다.

"가까이 있는 사람이 잘 돼야 나도 잘 될 수 있다."

언니가 늘 하는 말입니다. 나만 잘 되는 것이 아니라 함께 잘 되기를 바라니 잘 될 수밖에 없습니다.

이렇게 주변에 선한 영향력을 펼치는 사람들은 대부분 주변에 좋은 사람들이 모여들기 마련입니다. 누군가에게 편안함을 주고 언제나 긍정적인 에너지와 행복감을 전해 주기 때문입니다.

이런 이들은 대개 말하는 입보다 듣는 귀가 더 큰 사람들입니다. 즉 경청을 잘하고, 나아가 상대방이 편안하게 이야기를 잘 하도록 맞장구를 잘 쳐줍니다.

이들이 맞장구치는 것을 가만히 지켜보면 기본적인 기술을 쓰고 있습니다. 저절로 타고난 사람도 있지만, 꾸준히 노력해서 맞장구를 잘 치는 사람들이 더 많습니다. 결코 어렵지 않은 기술이기에 우리도 조금만 노력하면 금방 배울 수 있습니다. 그 방법은 다음과 같습니다.

"아, 그렇구나!"
"아, 그러셨어요?"
"아, 정말요?"
"아, 네에."

먼저 이 네 가지의 말을 맞장구치는 기본적인 용어로 익혀야 합니다. 그리고 여기에 아주 간단한 비언어적인 요소 세 가지를 양념으로 추가만 하면 됩니다. 이것 역시 아주 간단합니다.

첫째, 가볍게 입과 눈에 미소를 짓습니다.

둘째, 상대의 눈을 바라봅니다.

셋째, 고개를 끄덕이며 상대의 감정을 받아들입니다.

습관이 되지 않은 사람은 어려울 수 있습니다. 특히 눈을 바라본다는 것은 정말 많은 용기와 노력을 필요로 합니다. 우리는 예로부터 예의를 중시여기는 풍토라 어려서부터 부모의 눈을 똑바로 바라보고 이야기하는 것을 버릇없는 행동으로 배워왔기에 더욱 그렇습니다. 따라서 어릴 때부터 가부장적인 집안에서 자란 사람일수록 말할 때 상대의 눈을 보고 말하는 습관을 들이기 위해서는 더욱 의도적인 노력을 해야 합니다.

눈을 바라본다는 것은 상대에게 나의 진심을 전달하는 가장 좋은 방법입니다. 내가 아무리 진심을 담았다 하더라도, 눈을 회피한다면 상대가 나의 진심을 온전히 받아들이지 못해서 통할 수가 없습니다.

그렇다고 무조건 눈을 뚫어지게 바라보면 공격적이고 도발적인 사람으로 보여서 상대가 경계를 할 수 있으니

주의를 기울여야 합니다.

이때 가장 중요한 것이 입과 눈에 미소를 짓는 것입니다. 미소는 상대에게 호감을 주기에 상대의 마음을 쉽게 풀어줄 수 있습니다.

"철수와 영희가 눈이 맞아서 결혼을 했데?"

눈이 맞았다는 것은 서로의 마음을 보았다는 것이고, 서로 마음을 보았기에 바로 통해서, 즉 진심을 주고 받아서 인생의 중대사인 결혼까지 이르게 됐다는 말입니다. 그만큼 상대와 말할 때 눈을 마주치고 진심을 전하는 것이 중요하다는 것을 보여주는 이야기이기도 합니다.

다시 한번 강조하지만 상대와 소통할 때 마음을 얻는 방법은 아주 간단합니다.

입과 눈에 미소를 짓고, 상대방의 눈을 바라보고, 고개를 끄덕이고 상대의 감정을 받아들이며, 다음의 말을 연습해 봅니다.

“아, 그렇구나!”

“아, 그러셨어요?”

“아, 정말요?”

“아, 네에.”

이런 것을 자연스럽게 익혔다가 구체적인 현실에 처했을 때 상황에 맞는 말을 적절히 활용한다면 분명히 상대의 마음을 얻을 수 있을 것입니다. 적절히 맞장구 쳐주는 것만으로도 당신은 누구에게나 행복을 전파하는 훌륭한 동기부여가가 될 수 있습니다

TIP

경청으로 맞장구를 잘 쳐줘라

1. 가까운 이와 소통할 때도 정성을 기울인다
2. 기본적으로 맞장구에 좋은 멘트를 익혀둔다

   "아, 그렇구나!"

   "아, 그러셨어요?"

   "아, 정말요?"

   "아, 네에."
3. 맞장구 멘트에 진심이 담긴 행동을 보탠다

   입과 눈에 미소를 짓고, 상대의 눈을 바라보고, 고개를 끄덕이고 상대의 감정을 받아들인다

04 긍정적인 마인드를 채워라

일상의 일들은 늘 비슷한 패턴으로 일어납니다. 긍정적인 면이 있으면 부정적인 면이 있고, 부정적인 면이 있으면 반드시 긍정적인 면이 있습니다. 중요한 것은 이때 당신이 어느 쪽을 먼저 보느냐가 중요합니다. 당신의 세상을 보는 관점이 중요한 것입니다.

행복한 사람들은 어느 순간이건 긍정적인 면을 먼저 보는 사람들입니다. 같은 일이라도 긍정적인 면을 먼저 보기에 웃을 줄 알고, 아무리 힘든 일이라도 감동과 감탄을 자아냄으로써 그 일을 긍정적으로 해결해 나가는 능력을 발휘합니다.

사람은 사회적 동물입니다. 어떻게든지 사회적인 환경

에 영향을 받을 수밖에 없습니다. 마찬가지로 사람은 누구보다 평소에 어울리는 사람에게 가장 큰 영향을 받을 수밖에 없습니다.

끼리끼리, 유유상종이라는 말은 애초에 만난 사람들이 비슷한 성향을 가진 것일 수도 있지만, 함께 어울리면서 성향이 비슷하게 닮아간 것을 뜻하는 말이기도 합니다.

심리학 용어로 미러링 효과(Mirroring Effect)라는 말이 있습니다. 미국 스탠퍼드대학교의 퍼날드 교수팀은 엄마가 하는 말투와 행동을 그대로 따라 한 아이들이 그것을 무의식적으로 반복한다는 사실을 밝혔습니다. 사람은 어릴 적부터 타고난 대뇌 신경 시스템에 의해 함께 하는 사람들의 말투와 행동을 그대로 따라하면서 닮아간다는 것을 보여준 실험입니다.

함께 하는 사람이 팔짱을 끼고 말하면 나도 팔짱을 끼게 되고, 벽에 기대서서 말하면 나도 벽에 기대게 되고, 상대가 앞으로 숙여 말하면 나도 비슷한 각도로 숙여서 듣게 되고, 다리를 꼬고 말하면 나도 평소 안 꼬던 다리를 자연스레 꼬는 자세를 취하게 되는 것들이 다 이 실험의 근거로 작용하고 있습니다.

'미러링 효과'는 우리가 행복하고 싶으면 먼저 세상을 긍정적으로 보는 행복한 사람들 곁으로 가야 하는 이유를 잘 설명하고 있습니다. 그들과 함께 하는 것만으로도 닮아가는 행동을 취하기 때문에 이미 반은 행복의 길로 들어선 것입니다.

그렇습니다. 우리는 긍정적인 마인드를 채우기 위해서 매사에 긍정적이고 행복한 사람 곁으로 가야 합니다.

제가 강의를 시작할 때마다 처음에 빼놓지 않고 시작하는 질문이 있습니다.

"오늘이 무슨 날인가요?"

"월요일이요."

"강의 듣는 날이요."

"회사 오는 날이요,"

그러면 사람들은 대개 이런 식으로 답합니다. 저는 이렇게 분위기를 띄우고 나서 꼭 이런 식으로 이야기하곤 합니다.

"예, 오늘은 누구나 다 나름대로 사연이 있는 날입니다. 어느 쪽을 보느냐에 따라 다 다른 날이 될 수 있지요. 저는 만약 여러분이 저에게 '오늘 무슨 날인가요?'라고 물으신다면 '행복한 날이요.'라고 답할 것입니다."

그러다 보니 저의 강의를 한번쯤 들어본 사람들은 다음 강의 시간에 똑같이 물어보면 이 말을 그대로 인용해서 답하곤 합니다.

"행복한 날이요."
"기분 좋은 날이요."

그러면 저는 이런 것을 예측하고 있기에 얼른 이렇게 보태곤 합니다.

"예, 엄청 행복한 날입니다."
"예, 엄청 기분 좋은 날입니다."

그러면 많은 이들이 웃으면서 행복한 표정을 지으며 강의에 몰입해줍니다. 그렇게 웃었다는 것만으로도 그 강의장은 긍정적이고 행복한 에너지로 가득 차기 마련입니다. 함께 어울린 자리에서 긍정적인 에너지를 충전하는 것은 엄청난 시너지를 발휘합니다.

한 사람이 혼자서 웃는 에너지가 1이라면 두 사람이 함께 웃는 에너지는 4배가 된다고 합니다. 열 명이 모여서 웃으면 각자가 챙길 수 있는 에너지는 10이 아니라 4배인 40의 에너지가 되는 것입니다. 혼자 웃을 때는 1의 에너지를 챙긴다면, 100명이 모인 자리에 가서 함께 웃다 보면 400의 에너지를 챙겨오는 것이니 이 얼마나 큰 시너지 효과를 얻는 것이겠습니까?

다시 한번 강조하지만 행복한 사람을 만나서 행복한 사람과 함께 하는 것만으로도 4배의 시너지 효과를 얻을 수 있습니다. 여럿이 모인 자리에 가서 웃고 오면 그 느낌이 오랫동안 내 몸의 생기를 불러일으키는 것이 다 이런 법칙이 작용하기 때문입니다.

우리 주변에는 행복한 에너지를 발산하는 이들이 참으로 많습니다. 그들을 만났을 때는 그냥 기분이 좋아집니다. 만날 때마다 늘 좋은 이야기와 긍정의 말을 하기 때문에 시간 가는 줄도 모를 때가 많습니다.

제 주변에는 바로 이런 에너지로 끊임없이 긍정적인 에너지를 심어주는 친한 언니가 있습니다. 지역상인회 회장으로 지역주민을 위한 봉사가 몸에 밴 분입니다.

사업체를 두 곳이나 운영하며 전국에서 순위 안에 드는 성과를 냅니다. 직원 관리도 개개인의 성과에 대한 보상과 복지체계를 갖춰 아주 잘 운영해나가고 있습니다. 직원들은 거의 다 초창기부터 함께 하고 있을 정도로 직장에 남다른 애착을 갖고 있습니다.

언니가 그렇게 잘 해나가는 이유는 간단합니다. 언제나

웃음이 많고, 무엇이든지 긍정적으로 생각하는 삶을 실천하고 있기 때문입니다.

언니는 삶을 잘 가꾸어나가는 사람들에게 풍기는 좋은 향기가 풍기고 있습니다. 한번 만나면 시간이 훌쩍 지나가 버릴 정도로 무슨 이야기만 해도 까르르 까르르 잘 웃어줍니다. 무슨 말을 하면 경청으로 맞장구를 잘 쳐주니 언니와 함께 하는 시간은 즐거울 수밖에 없습니다.

언니처럼 잘 웃고 행복감을 잘 느끼는 사람들은 습관적으로 행복한 노래를 흥얼흥얼 합니다. 노래를 흥얼이는 것 자체로 행복감을 키우고 있는 것입니다. 긍정적인 마인드를 가진 사람 곁에 있으면 행복의 동기부여는 저절로 이뤄지기 마련입니다.

행복은 얼마나 즐거운 감정을 자주 느끼느냐에 따라 더 커지기 마련입니다. 행복을 느끼는 감정의 강도도 중요하지만, 그보다 더 중요한 것은 행복을 느끼는 감정의 빈도입니다. 일상에서 자주 행복하다고 흥얼거리는 빈도가 많아질수록 행복은 내 곁에서 떠날 줄 모르고 미소짓기 마련입니다.

우리는 행복하게 살기 위해서 좋은 사람들과 함께 하며 긍정적인 마인드를 끊임없이 채워나가야 합니다. 긍정적인 마인드를 챙기는 빈도를 더 많이 늘려 나가야 합니다.

항상 행복하고 긍정적인 마인드를 충족시키는 방법은 간단합니다. 혼자 있을 때 수시로 다음과 같이 행복한 노래를 불러 보는 것입니다.

나는 행복해
나는 행복해
나는 행복해
정말 행복해

지금 당장 따라 해보시기 바랍니다. 스스로에게 주문을 걸 듯이 이렇게 흥얼거리고 나면 내 안에 정말로 행복감이 충만해지는 것을 느낄 수 있을 것입니다.

그 행복감을 그대로 유지하면 주변 사람들에게 긍정적인 에너지를 전파하는 동기부여가로 사랑받게 될 것입니다.

TIP

긍정적인 마인드를 채워라

1. 긍정적이고 행복한 사람과 함께 한다
2. 습관적으로 행복을 느끼는 빈도를 늘려나간다
3. 행복의 빈도를 늘리기 위해 행복한 노래를 수시로 흥얼거린다

나는 행복해
나는 행복해
나는 행복해
정말 행복해

05 상대가 듣기 좋은 말을 하라

"어디 아파?"

만나자마자 그 많은 이야기 중에 꼭 이런 식으로 인사말을 건네는 사람이 있습니다. 습관입니다. 본인 입장에서는 상대를 배려해서 한다고 하는 말일 수 있습니다.

하지만 듣는 사람의 입장에서는 기분이 좀 그렇습니다. 정말로 내가 아픈 상태라 해도 듣기 좋은 말은 아닙니다. 하물며 아픈 곳이 없는데 이런 소리를 듣는다면 뭐라고 대꾸하기도 애매한 상태가 됩니다.

이것은 말하는 사람이 생각해볼 필요가 있습니다. 설사 상대가 아파 보인다 해도 만났을 때는 가급적 긍정적인, 상대가 듣기 좋은 말로 하면 좋지 않을까요?

"오늘 왠지 청순해 보인다."

"오늘 왠지 순수해 보이네."

이런 식으로 어떻게든 상대가 들었을 때 기분 좋은 이야기를 하도록 노력하면 어떨까요?

"와아! 오늘 왜 이렇게 예뻐? 무슨 좋은 일 있어?"

만날 때마다 이런 식으로 상대의 좋은 점을 부각시키는 사람이 있습니다. 상대가 듣기 좋아하는 말이 몸에 밴 사람입니다. 어떤 상황에서도 긍정적인 면을 먼저 보는 사람이고, 그것을 긍정적으로 표현함으로써 만나는 사람을 기쁘게 해주는 사람입니다.

"당신은 어떤 사람인가요?"

일도일살 일언삼살(一刀一殺 一言三殺), 칼 하나로는 한 사람을 죽일 수 있지만, 말 한마디로는 세 사람, 즉 말을 내뱉은 사람, 말을 들은 사람, 그 말을 퍼트리는 사람 등을 동시에 죽일 수도 있다는 말입니다.

중학생 때 아버지가 들려주신 말인데, 지금까지 한시도 잊어본 적이 없습니다. 저는 말의 영향력을 크게 깨닫게 해주신 아버지 덕분에 말의 중요성을 누구보다도 잘 기억하고, 이왕이면 한마디의 말로 세 사람을 살리는 말을 하려고 노력하고 있습니다.

말은 무섭게 와전되기 십상입니다. 한번 한 말은 들은 사람으로 끝나는 것이 아니라, 그 말을 들은 사람이 누군가에게 옮기면서 자기 생각들을 첨가해서 풍선처럼 부풀려 말하기 때문입니다.

따라서 우리는 최대한 의식적으로 한마디 말을 하더라도 신중해야 하고, 이왕에 할 말이라면 상대가 듣기 좋은 말을 하려고 끊임없이 노력해야 합니다.

그렇다면 상대가 듣기 좋은 말에는 어떤 것이 있을까

요? 일반적으로 많은 사람들이 사랑, 행복, 배려, 믿음, 기쁨, 신뢰, 가능성, 도전, 가족, 긍정, 희망 등을 담은 말이 듣기 좋다고 합니다. 그러나 이런 말은 말만 들으면 옳은 말 같지만, 너무 추상적이어서 현실적으로 실천하는데 별 도움이 되지 않습니다.

과연 어떤 말이 사랑을 담은 말인가요?
어떤 말이 행복을 담은 말인가요?
어떤 말이 배려, 믿음, 기쁨을 주는 말인가요?

현실에서 구체적으로 실천하기 위해 이렇게 물으면 어떻게 대답할 건가요? 지금 상대가 듣기 좋아하는 말을 몇 개나 기억하고 있나요? 지금 당장 상대가 좋아하는 말을 해보라고 하면 과연 자연스럽게 할 수 있는 말은 몇 가지나 있나요?

이쯤에서 반드시 챙겨야 할 것이 있습니다. 역지사지(易地思之)! 그렇습니다. 입장을 바꿔서 상대에게 내가 들으면 좋아할 말을 떠올려 보는 것입니다. 내가 듣기 좋아하는 말이 곧 상대가 듣기 좋은 말이기 때문입니다.

이렇게 역지사지로 생각하면 답이 좀 쉬워질까요? 당신은 상대에게 어떤 말을 들을 때 기분이 좋나요? 어떤 말을 들을 때 힘이 나나요?

"잘했어, 정말!"

당신이 만약 누구에게 이런 말을 듣는다면 그때 기분이 어떨까요? 당신이 정말 잘 하고 있을 때 이렇게 말한다면 당신도 정말 좋아할 수 있습니다. 하지만 일이 꼬여서 잘 안 풀리고 있을 때 그냥 건성으로 하는 말이라면 어떤가요? 아니면 상대에게 반어법으로 한 말이라면?

제가 이런 말을 예로 든 것은 아무리 좋은 말이라도 말하는 이와 듣는 이의 관계, 상황을 떠나서 이야기한다면 그 뜻은 전혀 다르게 들릴 수 있다는 것을 상기시키기 위함입니다. 상대가 듣기 좋은 말을 하려면 물론 좋은 말도 구사해야 하지만, 먼저 상대의 상황과 입장을 충분히 고려하고 말할 줄 알아야 합니다. 같은 말이라도 최대한 상황이나 입장을 고려하며 구사해야 진정으로 상대가 좋아하는 말을 했다고 할 수 있습니다.

말은 그 사람의 습관으로 다져진 인격입니다. 평소에 습관으로 들이지 않은 말은 쉽게 나오지 않습니다. 따라서 우리는 매일매일 좋은 단어를 꺼내어보는 연습을 해봐야 합니다. 특히 평소에 잘 쓰지 않았던 새로운 좋은 아름다운 단어를 꺼내는 연습을 자주 해봐야 합니다.

상대가 듣기 좋은 말을 잘 하고 싶으면 간단합니다. 연습을 해야 합니다. 자연스럽게 습관으로 자리잡도록 끊임없이 연습을 해야 합니다.

가수는 노래 한 곡을 부르기 위해서 수없이 연습을 합니다. 3분짜리 노래 하나를 하기 위해 몇 달 며칠을 반복적으로 연습, 또 연습을 합니다. 목소리만이 아니라 감정까지 살리는 노래를 부르기 위해 부단히 연습을 합니다.

상대가 듣기 좋은 말도 그래야 합니다. 평소에 기회 있을 때마다 자주 말하고, 그게 잘 안 되면 혼자 있을 때 그 말에 감정이 실려서 자연스럽게 나올 수 있도록 연습, 또 연습을 해야 합니다.

"저는 쑥스러워서 낯 간지러운 말을 못해요."

"저는 아부 같아서 입에 바른 소리를 할 수 없어요."

간혹 이렇게 말하는 사람이 있지만, 타인과의 관계를 잘 맺기 위해 노력하면 세상에 안 되는 건 없습니다. 다만 마음을 먹지 않고 안 하는 것만이 있을 뿐입니다. 상대가 듣기 좋은 말도 할 줄 모르는 게 아니라 의지를 세우지 않았기에 오로지 안 할 뿐입니다.

아주 쉽고 단순한 이 말을 항상 기억해야 합니다. 그래야 의지를 세울 수 있고, 그래야 안 하는 일을 멈추고 지금 당장 하는 일에 들어설 수 있기 때문입니다.

"잘 했네! 잘 했어! 잘 했다!"

저는 이것을 일명 '쓰리 잘'로 표현합니다. 상대가 듣기 좋은 말을 어떻게 해야 할지 모르겠다면 먼저 이 말을 외우고 무조건 해봤으면 합니다. 처음에는 쑥스러워서, 상황에 맞지 않을 것 같아서, 상대가 괜히 불편한 소리로 들을 수 있을 것 같아서 등등의 온갖 걸림돌이 떠올라 시도하기가 힘들 수 있습니다.

하지만 처음에는 무조건 해보는 것이 중요합니다. 간혹 상황이나 입장을 잘못 파악해서 상대의 기분을 상하게 하는 시행착오를 할 수도 있습니다. 그럼에도 불구하고 진정으로 상대를 위하는 마음으로 이 말을 자꾸 쓰다 보면 상대도 이 말을 하는 나의 진실성을 받아들여 좋아할 날이 반드시 올 것입니다.

지금 이 자리를 빌려서 다시 한번 '쓰리 잘'을 연습해 보시기 바랍니다. 지금 당장 이 말을 그대로 따라 해보시기 바랍니다.

"잘 했네! 잘 했어! 잘 했다!"

지금 당장 고민하지 말고 그냥 해보았으면 합니다. 아무 말 대잔치라도 좋습니다. 좋은 말인데 아무 말이면 어떤가요? 먼저 하고 보는 것이 중요합니다. 일단 내뱉고 그 기분을 그대로 느껴보는 것이 중요합니다.

아무리 책을 많이 읽고, 명언을 외우고, 고사성어를 외우고, 명대사를 외워도 써먹지 못하면 무슨 소용이 있겠습니까? 내 안에 있는 것을 자꾸 꺼내봐야 합니다. 아무리 좋은 말도 내뱉지 않으면 아무런 소용이 없다는 것을 분명히 인식하고, 수시로 내뱉는 연습을 해보는 것이 중요합니다. 상대가 듣기 좋은 말을 할 줄 아는 사람들은 누구보다 행복한 사람입니다.

세상에는 만고불변의 법칙으로 통하는 진리가 있습니다. 인과법칙(因果法則), 기브 앤 테이크(Give & Take)! 뿌린 대로 거두는 것처럼 상대에게 듣기 좋은 말을 하면 반드시 자신도 상대에게 듣기 좋은 말을 들으며 행복을 구가할 수 있습니다.

저는 여기에서 한발 더 나아가 기브 앤 기브의 실천을 주장합니다. 기브 앤 테이크, 즉 주는 만큼 받겠다는 마음을 가지면, 그것이 오히려 상대에게 부담을 주거나 해서 기브의 온전한 기쁨을 누릴 수가 없습니다. 그런데 언제나 기브 앤 테이크가 아닌 기브 앤 기브의 자세로 상대가 좋아하는 말을 하기 위해 끊임없이 노력하면 그 자체만으로도 충분히 기브의 기쁨을 누릴 수 있습니다.

아무 조건 없이 상대가 좋아하는 말을 할 줄 아는 사람은 주는 기쁨이 받는 기쁨보다 훨씬 크다는 것을 경험으로 아는 사람들입니다. 그 경험을 바탕으로 일상에서 습관으로 상대를 기쁘게 해주는 말이 몸에 밴 사람입니다.

세상에 돈 안 들이고 상대가 듣기 좋은 말을 하는 최고의 비법은 진심입니다. 진심은 누군가에게 믿음을 주고,

그 믿음은 설사 어쩌다 실수로 상황을 잘못 파악해서 잘못된 말이 나갔더라도 상대의 마음을 얻고, 당신과 같이 하는 사람이 있다는 것을 믿게 함으로써 상대를 끝없이 성장시키는 엄청난 힘을 갖고 있습니다. 누군가에게 세상을 살 만한 가치가 있다는 것을 믿고 살아갈 힘을 줄 수 있습니다. 그런데 이 진심은 건성으로 하는 말로는 절대로 통하지 않습니다. 건성으로 하는 말에는 진심이 담길 수 없기 때문입니다.

아울러 내 입장에서 상대의 좋은 점을 이야기하는 것보다 상대의 입장에서 지금 상대가 기울이고 있는 노력에 공감해주는 말을 하는 것이 중요합니다.

이것은 칭찬의 기법 중에 하나이기도 합니다. 일반적으로 상대의 이룬 성과나 업적을 칭찬하면 상대는 그 말을 입바른 소리로 듣거나, 말하는 사람의 의도를 의심하며 건성으로 듣거나, 또는 뭔가 흑심을 갖고 접근한 것은 아닌가 해서 경계하는 경우가 많습니다.

하지만 그 성과나 업적을 이루는 과정에 기울인 노력에

대해 공감을 하며 칭찬하면 진심으로 받아들여 이 사람은 믿을 만한 사람이라고 생각해서 마음을 열어주는 경우가 많습니다.

따라서 상대가 듣기 좋은 말을 하려면 먼저 진심을 담아 상대가 이룬 업적이나 성과보다 그 과정에 처해 있는 상황을 이해하고 공감해주는 말을 하는 노력이 더욱 필요합니다. 예를 들면 이런 식입니다.

사회적으로 어느 정도 성공한 삶을 살았다 싶은 80대 어르신이 노후에 혼자 사는 것에 지친 나머지 극단적인 선택을 하려고 했습니다. 다행히 경찰이 빨리 발견하는 바람에 극적으로 목숨을 구할 수 있었습니다. 어르신은 그동안 돈도 많이 벌었고, 자식들도 의사와 대학교수로 훌륭하게 키워서 사람들이 보기에는 남 부러울 것이 없는 사람이었습니다. 경찰은 이런 점을 강조하며 극단적인 선택을 할 이유가 무엇이냐고 물었습니다.

그랬더니 어르신은 자식들이 오래 전에 분가해서 다 떠났고, 몇 해 전에 아내마저 세상을 떠나 혼자 살고 있는데 누구 하나 자신을 알아주는 사람이 없어서 너무 힘들었다며 답답한 마음을 털어놓았습니다. 그 말을 듣고 경찰은 어르신이 딱한 생각이 들어 진심을 담아 한마디를 건넸습니다.

"어르신, 그동안 참 힘드셨군요."

그러자 그 말을 들은 어르신이 갑자기 눈물을 주르륵 흘렸습니다. 경찰이 깜짝 놀라 휴지를 챙겨주며 물었습니다.

"어르신, 갑자기 왜 눈물을 흘리셨어요?"

그랬더니 어르신은 한숨을 푹 내쉬면서 마음을 진정시키더니, 지금까지 누구에게나 부러움의 눈길을 받아는 봤어도 "힘들었다"는 말은 한번도 들어 본 적이 없었는데, 지금 바로 "힘드셨군요"라는 말을 들으니 그동안 가슴 속의 쌓였던 응어리가 녹아내리는 것 같아서 자신도 모르게 눈물을 흘린 것 같다고 했습니다.

어르신은 그동안 돈을 벌고 집안을 세우느라 고생만 했는데, 사람들이 그렇게 이룬 성과에만 부러워하는 말을 했을 뿐이지 한번도 그 과정에 이르기까지 고생에 대해서는 누구에게도 공감을 받아 본 적이 없었던 것입니다. 그런데 그 순간 경찰이 가장 듣고 싶은 말을 해줬다고 받아들인 것입니다. 경찰이 의도적으로 했든 그렇지 않든 노인이 처한 상황에 대해 진심으로 공감하는 말 한마디가 어르신의 꽉 닫혀 있던 마음을 녹여 준 것입니다.

요즘은 공원이나 산에 산책을 나가다 보면 벤치나 길거리에 쓰여 있는 문구들이 보는 이의 마음을 따뜻하게 해주는 경우가 많습니다. 우연히 들렀던 공원에서 만났던 문구들을 소개합니다. 아주 간단한 구절로 상대가 듣기 좋은 말을 할 때 참고하면 좋을 것 같아서 이 자리에 그대로 옮겨 봅니다.

"사랑해. 너만을 사랑해."
"힘 내! 잘 하고 있어."

"괜찮아. 다 잘 될 거야."

"힘들지? 나에게 기대."

"오늘도 당신을 응원합니다."

이런 구절을 보는 여러분의 마음은 어떤가요?

괜히 힘이 나는 것 같지 않나요?

사람은 자신이 이룬 성과나 업적보다 그 과정에 이루기 위해 기울인 노력에 대한 진심이 담긴 한 마디에 더 진한 감동을 받기 마련입니다.

노력에 대한 칭찬, 이렇게 사람의 마음을 녹이는 말들은 누군가에게 세상을 살아가는 엄청난 동기부여가 될 수 있습니다. 자신의 존재감을 인정받은 것 같아서 더 큰 힘을 내어 세상을 헤쳐갈 용기를 얻게 되는 것이지요.

그렇습니다. 우리는 누구나 진심을 담은 말 한마디로 누군가의 마음을 따뜻하게 녹여줘서 세상을 긍정적으로 살아갈 맛을 느끼게 해주는 동기부여가가 될 수 있습니다.

동기부여는 결코 어렵거나 거창한 말이 아닙니다. 상대

의 입장을 고려해 상대가 일을 하는 과정에서 기울이는 노력에 진심으로 공감해주는 한마디만 잘 해줘도 우리는 누군가에게 좋은 영향을 끼치며 행복한 삶을 누릴 수 있는 것입니다.

TIP

상대가 듣기 좋은 말을 하라

1. 상대가 이룬 성과나 업적보다 그것을 이루기 위해 기울인 노력에 대해 공감하고 칭찬하라
2. "잘 했네! 잘 했어! 잘 했다!"
   일명 '쓰리 잘'을 잘 한다
3. 지금 당장 좋은 말을 해보면서 습관으로 익힌다

나오는글

감의 삼각편대로 행복의 나래를 함께 펼쳐요!

"행복은 누군가 의미를 담기 전에는 단어일 뿐이에요."

지금까지 우리는 '행복에 이르는 감'이라는 이야기로, '감'이라는 말에 의미를 담는 뜻깊은 시간을 가졌습니다. 이제부터는 당신이 당신의 이야기로 '감'이라는 말에 의미를 담는 시간을 가질 차례입니다.

감, 감(感), 감(GAM),
당신은 감이라는 말에 어떤 의미를 담겠습니까?

독일의 심리학자 헤르만 에빙하우스(1850~1909)는 오랜 연구 끝에 〈기억에 관하여〉를 발표하면서 '에빙하우스의 망각곡선'으로 교육계에 큰 영향을 끼쳤습니다. 일반적으로 사람들은 학습 직후 망각이 이뤄지기 시작한다고 합니다. 불과 20분 후에 반 가까이 잊고, 하루가 지나면 70% 정도를 잊는다고 합니다. 3일이 지나면 80% 가까이 잊게 된다는 것이죠.

이 이론에 따르면 당신도 이제 책을 덮는 순간부터 망각이 시작되고, 하루만 지나도 70% 정도를 잊어 내용이 가물가물 하게 될 것이 분명합니다.

그래서 이 자리를 빌려 다시 한 번 감의 삼각편대를 강조해 봅니다. 적어도 다른 것은 다 잊어도 이것만은 잊지 않았으면 하는 바람으로 '행복에 이르는 감의 삼각편대'를 새겨 봅니다.

인류는 끊임없이 말에 의미를 담아 새로운 역사를 이뤄왔습니다. 누군가 의미를 담기 전에는 그냥 단어일 뿐인 행복이라는 말에 의미를 담은 사람들이 인류의 위대한 문화를 꽃피워 왔듯이 지금도 그냥 단어일 뿐인 말들에 의미를 담아 인생을 설계하는 사람들이 인류의 역사를 꽃피우고 있습니다.

'행복에 이르는 감의 삼각편대'는 인간의 망각곡선을 극복하기 위해 '감'이라는 말에 특별한 의미를 담은 말입니다. 일반적으로 하루가 지나면 70% 이상을 잊는 우리의 기억력을 극복하는 방법이 여기에 있습니다. '감'이라는 말을 기억하는 것만으로도 G, A, M을 떠올리게 될 것이고, 이것을 떠올리는 순간 목적(Goal), 실천(Action), 동기부여(Motivation)라는 특별한 의미가 담긴 말들이 뇌리에 새겨질 것이기 때문입니다.

'3의 법칙'을 아시나요?

예로부터 동서양을 막론하고 숫자 3이라는 말에 큰 의미를 부여했습니다. 우리의 삶을 과거, 현재, 미래로 나눈 것도 그렇고, 스포츠에서 수상자를 금, 은, 동으로 정한 것도 그렇습니다. 무슨 일을 할 때 삼세판은 해 봐야 한다는 말이 생긴 것도 그렇고, 제가 '감'이라는 말에 의미를 담아 '삼각편대'를 만든 것도 숫자 3이라는 말과 밀접한 이유가 있습니다.

자기계발을 하는 이들이 가장 빠지기 쉬운 '3의 법칙'이 바로 작심삼일(作心三日)입니다. 아무리 좋은 책을 읽고, 아무리 확실한 계획을 세웠어도 애써 챙기지 못하면 3일을 넘기지 못한다는 것입니다. 이것은 모든 인간의 보편적인 심리라 웬만한 의지와 노력을 기울이지 않으면 극복하기 어려운 일입니다.

그렇다면 어떻게 작심삼일이라는 '3의 법칙'을 극복할 수 있을까요? 쉽게 기억하고, 오래 기억하는 방법을 찾아야 합니다. 그 중에 하나가 쉬운 내용을, 적어도 3일에 한 번씩은 다시 챙겨보는 습관을 들이는 것입니다. 머리로만 외우는 것으로는 부족하니까 직접 손으로 글씨를 써보는 연습도 필요합니다.

이제 그것을 연습하기 위해 다시 한번 '행복에 이르는 감의 삼각편대'를 떠올려 봅니다. 그리고 볼펜을 잡고 각자 괄호 ( ) 안에 핵심 낱말을 직접 써 보았으면 합니다.

(　　　　)

(　　　　)　　　　(　　　　)

이제 '행복에 이르는 감의 삼각편대'를 완성했으면 다시 한 번 심리학에서 다루는 '3의 법칙'을 새겨보았으면 합니다.

'3의 법칙'을 다루는 실험을 EBS 다큐에서 방영한 적이 있습니다. 처음에는 한 사람이 횡단보도가 있는 교차로 한 가운데서 하늘에 뭔가 있다는 듯이 손가락으로 가리키며 쳐다봅니다. 주변의 사람들은 아무도 관심을 갖지 않습니다. 이때 또 한 사람이 합세를 해서 똑같은 행동을 취합니다. 두 사람이 교차로에서 하늘을 가리키고 있지만, 사람들은 역시나 아무런 관심을 갖지 않습니다. 이제 한 사람이 더 합세를 해서 똑같은 행동을 취합니다. 세 사람이 동시에 하늘을 가리키며 쳐다보니까 사람들이 웅성이기 시작합니다.

"뭐야? 뭐가 있단 말이야?"

사람들이 모여 들며 하늘을 쳐다보기 시작하면서 순식간에 도로가 마비가 될 정도입니다.

한두 사람일 때는 아무도 관심을 보이지 않지만, 세 사람이 동시에 같은 행동을 하니까 대중에게 파급한 효과가 엄청나다는 것을 보여주는 실험입니다.

세 사람이 합칠 때 얼마나 큰 힘을 발휘하는가를 보여주는 실험으로 '3의 법칙'이라고도 하고, 세 사람이 주변 사람들을 동조하게 만드는 힘을 발휘했다고 해서 심리학 용어로 '동조효과'라고도 하는데, 어쨌든 이 실험은 우리에게 시사하는 바가 큽니다.

"셋으로 이뤄진 것은 모두 완벽하다."

라틴 명언 중에 있는 말이라고 하는데, 저는 이제 우리가 '행복에 이르는 감의 삼각편대'를 펼칠 때 꼭 새겨야 할 말이라 생각합니다.

자기계발은 혼자서 하면 힘이 들 수밖에 없습니다. '기억의 망각'이 작용하기도 하지만, 주변에서 함께 하는 사람이 없을 때는 지속성을 발휘하기가 힘들기 때문입니다.

그래서 무슨 일을 하고자 할 때는 적어도 나를 포함한 뜻을 같이 하는 세 사람을 만나서 '삼각편대'를 형성해야 합니다. 그렇게 세 사람이 뜻을 같이 해서 뭉치면 '3의 법칙'을 발휘해서 무슨 일을 하더라도 큰 힘을 발휘할 수 있고, 주변에 더 많은 사람들을 내 편으로 끌어들일 수 있습니다.

이 책을 덮고 나면 이제부터 당신은 혼자가 아니라는 사실을 기억했으면 합니다. 적어도 이 책의 저자인 제가 함께 하고 있습니다. 그러므로 뜻을 같이 하는 우리 두 사람은 확실하니까 이제 저와 뜻을 합쳐 한 사람만 더 불러들인다면 '3의 법칙'의 위력을 발휘할 '삼각편대'의 주인공이 될 수 있습니다.

어떠신가요? 저의 제안이.

저는 언제라도 마음을 열고 있으니 '행복에 이르는 감의 삼각편대'의 구성원이 되고자 한다면 언제라도 저에게 손을 내밀어 주시기 바랍니다. 그리고 우리 함께 '행복에 이르는 감의 삼각편대'로 행복의 나래를 활짝 펼쳐 보아요.

우리 함께 파이팅입니다.

책을 펴내며 곁에 소중한 분들이 정말 많다는 것을 다시금 느꼈습니다.

항상 저를 사랑해주시고 아낌없는 응원을 보내주시는 모든 분들께 고개 숙여 깊은 감사를 드립니다. 앞으로도 더 좋은 모습으로 변함없이 행복을 노래하겠습니다.

내 인생의 현주소

감사시 초긍정구 탄탄대로 2020

행복을 노래하는 박경선

목적(Goal)
실천(Action)
동기부여(Motivation)

행복에 이르는 GAM

초판 인쇄 | 2020년 04월 13일
초판 발행 | 2020년 04월 15일

지은이 | 박경선

펴낸곳 | 출판이안
펴낸이 | 이인환
등 록 | 2010년 제2010-4호
편 집 | 이도경, 김민주
주 소 | 경기도 이천시 호법면 단천리 414-6
전 화 | 010-2538-8468
팩 스 | 070-8283-7467
인 쇄 | 세종피앤피
표지 디자인 | 전영탁
이 메 일 | yakyeo@hanmail.net

ISBN : 979-11-85772-77-6(03320)

「이 도서의 국립중앙도서관 출판예정도서목록(CIP)은 서지정보유통지원시스템 홈페이지(http://seoji.nl.go.kr)와 국가자료공동목록시스템(http://www.nl.go.kr/kolisnet)에서 이용하실 수 있습니다. (CIP제어번호 : CIP2020013431)」

값 13,800원